律师哲思录

宋振江 著

北京大学出版社
PEKING UNIVERSITY PRESS

图书在版编目(CIP)数据

律师哲思录 / 宋振江著. —北京：北京大学出版社，2022.7
ISBN 978 – 7 – 301 – 32939 – 9

Ⅰ.①律… Ⅱ.①宋… Ⅲ.①律师—工作—中国—文集 Ⅳ.①D926.5 – 53

中国版本图书馆 CIP 数据核字(2022)第 043947 号

书　　　名	律师哲思录 LÜSHI ZHESI LU
著作责任者	宋振江　著
责任编辑	李　娜
标准书号	ISBN 978 – 7 – 301 – 32939 – 9
出版发行	北京大学出版社
地　　　址	北京市海淀区成府路 205 号　100871
网　　　址	http://www.pup.cn　http://www.yandayuanzhao.com
电子信箱	yandayuanzhao@163.com
新浪微博	@北京大学出版社　@北大出版社燕大元照法律图书
电　　　话	邮购部 010 – 62752015　发行部 010 – 62750672 编辑部 010 – 62117788
印　刷　者	北京中科印刷有限公司
经　销　者	新华书店 850 毫米×1168 毫米　A5 开本　7.5印张　156千字 2022 年 7 月第 1 版　2022 年 7 月第 1 次印刷
定　　　价	48.00 元

未经许可，不得以任何方式复制或抄袭本书之部分或全部内容。
版权所有，侵权必究
举报电话：010 – 62752024　电子信箱：fd@pup.pku.edu.cn
图书如有印装质量问题，请与出版部联系，电话：010 – 62756370

宋振江

山东冠县人。1977年考入河北大学哲学系。哲学学士，一级律师，全国优秀律师。首届全国律师电视辩论大赛优秀辩手。

浩博律师品牌创始人；河北浩博律师事务所合伙人会议主席；最高人民检察院民事行政案件咨询专家；中国法学会法律文书学研究会理事；河北省律师协会常务理事；邯郸市律师协会名誉会长；河北大学法学院硕士生导师。曾任第七届中华全国律师协会理事；河北省第十届政协委员；邯郸市第八、九届政协委员。

序

宋振江律师是1977年进入河北大学哲学系，毕业后进入检察系统。不久即辞职下海做律师。在众多的律师朋友中，学哲学出身的，只此一人，可谓律师界中的凤毛麟角。我对学哲学的，素有景仰之心，他们是所有文科各专业（当然包括法学）的"大脑"，哲学的世界观和方法论是指引文科各专业的指路灯。

宋振江积三十多年律师经验写成的新著《律师哲思录》我拜读了。现在以律师切身经验所写的书已经越来越多了，但用哲学的思维来总结律师的业务，这是我看到的第一本。我提出律师应多一点哲人的气质，少一些商人的市侩，并不是要律师都成为哲学家，哲人的气质就是学人的气质，有思想的人的气质！

宋振江律师在我九十岁时，生日的"祝贺文集"中有一篇短文《江平老师"律师哲人气质"观的思考》中写道："律师的职业精神是什么？是质疑、批判！之所以律师需要哲人气质，因为哲学的精神就是批判。批判既是世界观，又是方法论。律师怀疑的态度和批判的精神是贯彻执业始终的。"我非常同意他的观点，也可以说是对我"哲人气质"的最好解释。

宋振江律师新书出版之际，嘱我写序，谨以此为序，推荐于读者！

2020 年 10 月 11 日

自 序

"如切如磋,如琢如磨。"卅多年的执业实践中,让我一次又一次经历感性到理性的升华,不断地从中感悟思想方法,领悟思维规律,觉悟哲学回归。

本书是律师精神的"寻根"之旅。在律师生涯中追寻哲学之光,在哲学圣殿里寻觅律师席位,在司法程序中定义律师之理性存在,明晰律师制度是哲学的"直系血亲",返璞司法制度的初心,实现与其奠基者的精神会师。这是对先哲的告慰和感恩;是对辩士使命的激励和鞭策;是对执业信念的自觉和自在!

为了正义,政治家将人类最高的智慧——辩证法,上升为国家意志,建构了"等腰三角形"的司法体制。现实中,控、辩、审三方虽呈鼎足之势,实则共而不同,平而不衡,制而不约。强化公权的传统文化倾向,是削弱辩方制衡力的根源之一,这是反理性的。一旦对律师的轻视超越底线,控、辩、审的司法统一体将名存实亡。这是传统文化中与辩证法相悖的形而上学,是非理性之糟粕。自秦汉以降的主流意识形态排斥辩论文化,而现代法治思想是以辩证思维为理论基础的。控、辩、审的制衡是司法裁判的法定制度。显然,该制度缺乏相应的社会文化土壤。

江平先生高屋建瓴地倡导律师应有哲人气质。律师肩负维护社会公平正义的使命,绝不是仅仅具备法学理论就能胜任的。律师应当在兼备文、史、哲等各科学养的基础上,明心见性,完善人格,升华境界,方能担当其制衡司法权力的理性判断力批判之使命。

以客观性和求异性思维为基本思想方法,探究事实真相,追求客观公正,是物质第一性原理和对立统一规律在司法实践中的运用。哲学是司法之本,司法是哲学之用。律师的执业技艺里蕴含着哲学素养。哲学的思想方法是抽象力,是理性的批判武器。唤醒行业的哲学意识,进入思想方法的自由王国,是本书的初衷。

一个没有理论思维的民族,是不可能站在科学的最高峰的,行业亦然。哲学思维标志着一个行业的自我认识所达到的高度和深度,体现着该行业的成熟水准。改革开放至今,我国的司法制度重建已过而立之年,对其的完善和思考不应停留在经验和技术层面,更应当上升到哲学思想层面了。

哲学是理论化、系统化的世界观。本书在章节编排上,采用了律师执业技能与哲学理论体系的同一性框架,意在让读者感受二者之间的内在联系和有机统一,以便读者系统把握哲学思想。

本书将刑事辩护作为研究标本,是因为相较于民事诉讼而言,刑事诉讼是更完整、更严格、更典型意义上的诉讼。刑事诉讼要求全面收集客观证据,准确查明案件事实,且最终以法院裁判形式结案。同时,控辩双方力量对比明显失衡。一方为维护个体正义的私权代言,另一方代表国家公权指控。这种差异性所产生的观点和思想的碰撞,迥异于民事诉讼中私权利之间实力均衡的较量,而平衡恰恰是公平正义的本质要求。"戴着荆棘王冠"的刑事辩护律师应在专业素质、哲学素养以及人格修养等方面有更高的标准。故,本书是以刑事辩护为基础素材的哲学思考。

哲学是打开智慧之门的钥匙,"公众对它的玄妙的研究不感兴趣,但却对按照这样一种研究才能使他们真正恍然大悟的学说大感兴趣"①。

哲学理论严谨而深奥,但其表现形式可以鲜活有趣。本书力求使哲学的共性之道与实务的个性之术珠联璧合,浑然一体。由实务导入的写作风格,举重若轻、深入浅出,以轻松笔触引人渐入佳境。正所谓"非名山不留仙住,是真佛只说家常",虽言"众妙之门",却现"翠竹黄花"。

---

① 〔德〕康德:《实践理性批判》(注释本),李秋零译注,中国人民大学出版社2011年版,第153页。

将近年来本人发在微信朋友圈中的些许哲思图文亦散布在书中,便于读者轻松领悟。盘点执业三十多年的点滴心得,回首过往云烟,升华凝结为春雨点点,润物细无声……

是为自序!

2022 年 3 月 26 日于京华

目录 | Contents

第一篇 本体篇

第一章　律师本体观 / 003
第一节　律师，你是谁 / 004
　　理性的反方 / 006
　　同文同宗 / 010
　　义利统一体 / 011
　　平衡术与是非经 / 015
第二节　辩者自辩 / 018
　　不以成败论律师 / 019
　　如此追赃？ / 022
　　律师权利从何而来 / 024

第二章　律师理性观 / 026
第一节　哲人气质 / 026
　　哲人与技艺 / 026
　　理念的实现 / 028
　　"寻根"与修养 / 029
　　文化与师尊 / 032
　　高尚与世俗 / 035

第二节　律师的思维 / 037

主观能动的"双刃剑" / 038

思维的逆行者 / 039

理性的孤独 / 042

感性的温度 / 043

认识的"坐标" / 046

正义的相对性 / 048

无,是未完成的有 / 050

审慎认罪认罚 / 051

第三章　律师交往观 / 053

第一节　律师与法官 / 055

相辅相成 / 055

君子之交 / 056

进退有度 / 057

第二节　律师与当事人 / 058

浩气修身　博雅为人 / 058

谁主沉浮 / 060

各色当事人 / 061

代理有度 / 063

尊师益己 / 064

第二篇 唯物篇

第四章　律师唯物观 / 071

第一节　唯物观与客观性思维 / 071

"铁证如山"与唯物论 / 072

唯物主义证据观 / 074

"隐蔽性证据"与"自在之物" / 076

客观性与真实性 / 077

第二节　运动观与动态思维 / 079

"山寨版"与"还原度" / 079

以动观静 / 081

还原性评价 / 082

司法是认识运动 / 083

以动求和 / 084

第三节　时空观与具体思维 / 084

时光逆行者 / 085

一刻千金 / 088

第四节　证据的相对观 / 089

物是绝对的　物证是相对的 / 090

相对中把握绝对 / 090

相对性思维 / 091

必要证据链 / 092

第五节　"客"敌制胜 / 093

第五章　阅卷里的唯物论 / 096
第一节　立场与思维 / 097
第二节　阅卷"十六字"法 / 100
　　去粗取精 / 101
　　去伪存真 / 102
　　由此及彼 / 103
　　由表及里 / 104
第三节　阅卷"八项注意" / 105
　　讼堂不欺熟客 / 105
　　手眼并用 / 105
　　快速阅卷法 / 106
　　以子之矛 / 106
　　卷里卷外 / 107
　　知否知否 / 108
　　"证"在何方 / 109
　　拾遗补缺 / 110

第三篇　辩证篇

第六章　律师辩证观 / 115
第一节　辩证法的"直系血亲" / 115
　　一夫当关 / 115
　　先入未必为主 / 117
　　独立性与同一性 / 119
第二节　白马非马 / 121
　　共性入罪,个性出罪 / 121
　　私人订制的具体正义 / 123

　　　　削足适履 / 124
第三节　**现象与本质** / 125
第四节　**可能性与现实性** / 127

第七章　**法庭上的辩证法** / 129
第一节　**庭审之问辩** / 131
　　　　存在感 / 131
　　　　逻辑性 / 131
　　　　动态观 / 132
　　　　开放性 / 132
　　　　全局观 / 133
第二节　**庭审之质辩** / 133
　　　　点面相济 / 134
　　　　组织语言 / 134
　　　　随机应变 / 135
　　　　精准表达 / 136
　　　　留有余地 / 137
　　　　讲究策略 / 137
第三节　**庭审之论辩** / 138
　　　　"悬念"之魅力 / 139
　　　　庭辩的本质 / 140
　　　　庭辩的技巧 / 144
　　　　庭辩的艺术 / 149
　　　　庭辩的礼仪 / 156

庭辩的互动 / 158

第四篇 实践篇

第八章 社会型案件
——以西安"6·24"案为视角 / 166

第九章 职务型案件
——以贪腐案件为视角 / 185

第一节 宋某受贿、滥用职权罪辩护记 / 186

第二节 罗某受贿、私分国有资产罪辩护记 / 192

第十章 普通型案件
——以张某故意杀人案为视角 / 198

外一篇 哲学视角下的涉黑涉恶案件认定路径
——哲学版的"辩护词" / 212

后 记 / 221

第一篇　本体篇

　　公诉人是为了制衡追求正义的司法权力异化而设置的正方理性存在,辩护人是为了制衡追求正义的司法权力异化而设置的反方理性存在。

第一章　律师本体观

控、辩、审的司法制度,是要最大限度地把公平正义的理念变为现实。其根据是"正反合"的对立统一之哲学思想。法律赋予各方制衡权力,任何一方都不是"陪练"的。

辩士人生

予岂好辩哉?予不得已也!回首三十年,叹与辩结缘!此印章法谋篇,匠心独运。整体布局严谨,品相庄重。刀法古朴,疏密得当,意境厚重,内涵凝重。辩之象形,士之耿直,人之艰难,生之贵重,在刀下毕现!尤其是,"人"与"辩"连接一体,反映以辩为人之人生特点!"士"为知己者死,两肋插刀,受人之托,忠人之事。印章边缘残缺,似诉辩护的境界——残缺美,没有完美的辩护!寓意:虽前途坎坷,人生渺茫,磕磕碰碰,身残,心惨,志犹存。千人之诺诺,不如一士之谔谔。

律师是为趋义性而设立，因趋利性而生存的矛盾统一体。

律师是为个案中的个体利益的具体正义而思考的理性存在，更是社会理性的过滤器和平衡重！

第一节　律师，你是谁

希腊圣地德尔斐的阿波罗神庙的柱子上镌刻着一句著名箴言"认识你自己"，常被苏格拉底引用。这个问题的提出，是人类自我意识的觉醒。在东方，老子在《道德经》里说："知人者智，自知者明。"

贺兰山岩画

人类的涂鸦，民族的童趣，艺术的滥觞，动漫版《史记》。置身于此，不由稚气盎然……人类初心是什么？千万年前那一双双大眼睛告诉你：好奇！于是就探索……

个体生存的意义必须以主体性的自我建立为前提。完成了"主体性"之自觉的个体,才能成为真正意义上的主体。从个体到主体的自我认知过程,是从自在到自觉的飞跃。律师职业群体亦然。

认识自己是自我完善的前提,是自我的辩证否定。任何事物都是辩证的统一体,有阳光的一面,也有阴暗的一面。正视和接受真实的自我,是一个痛苦的反省过程。

在自我认知中,主观上自我反思从而达到自觉。只有发现律师行业并不完美,才能克制、约束自身不完美的一面,扬长避短。律师要明白自身的社会使命,并为此而自律,才能有利于行业的可持续发展,才能赢得人们对律师行业的尊重,从而从根本上改善执业环境。

自由不是绝对的,而是以认知的自然规律为限的。黑格尔讲:自由是对必然的认识。自我认识的过程是艰难而痛苦的。但为了自觉地规范自己的行为,按照已知的自然和社会规律生活和工作,才能实现由必然王国进入自由王国。

> 必然王国是指人们在认识和实践活动中,对客观事物及其规律还没有形成真正的认识而不能自觉地支配自己和外部世界的一种社会状态;自由王国则指人们在认识和实践活动中,认识了客观事物及其规律并自觉依照这一认识来支配自己和外部世界的一种社会状态。

我国律师经常感到基本执业权利得不到保障,表明这个行业还没有进入"自由王国"。要想改变这种状况,逐步消除社会对律师的不信任,需要的是良性互动,除了客观条件的改善外,就是自律。律师在实践中的自律(自我矫正)是一个没有终点的过程。我们探究"初心"的意义是指明发展方向,使律师在实践中逐步觉醒和觉悟。

游碑林,得一闲章——"任心即为修"。极富哲理,颇值玩味。其实随心所欲是以人生的修养为基础的。简直就是黑格尔名言"自由是对必然的认识"一语的中文版。联想虎园任性下车丧命悲剧,不正是未得规则修养,而随心所致吗?凡事有度,修则知节。

【理性的反方】

在纯粹理性的领域里,假说只是作为战斗的利器才被允许,不是为了在它上面建立一种权利,而仅仅是为了维护一种权利。但是,我们在这里任何时候都要在我们自身中寻找论敌。因为思辨的理性在其先验应用中就自身而言是辩证的。应当惧怕的反对意见就在我们自己里面。……蕴藏于人类理性的本性之中的争斗根苗必须被根除；但是，如果我们不给它以自由乃至营养使其长出枝叶，以便由此彰显出来，然后把它们连根拔掉，我们怎么能够根除它呢？因此，你们要想出任何论敌还没有想到的反对意见，甚至给他提供武器，或者允许他拥有他梦寐以求的最有利地位！在此没有任何可惧怕的东西，而是要有希望，也就是说，你们将为自己创造一份永远不会再受搅扰的产业。①

——康德

一个社会追求正义的司法权力和理性认识过程不被制约，不能质疑，成为一种绝对的事物，必然导致异化。律师在这个过程中起着不可或缺的制衡作用。这是律师存在价值的根基。

律师是司法程序中的"角色"之一，不能独立存在，更不能独立完成司法"产品"。其存在价值是与相对方对立而又依存的。律师的相对方是公诉人。搞清公诉人的本原，才能真正揭示律师的本原。

中国古代仅通过衙门取证断案。现代社会考虑司法权在追求正义过程中可能会发生异化，因此设立了检察院和法院，依法审查，逐步过滤侦查机关采集的证据。两院相互制约，其本身已是防止司法权异化的理性存在。为何还要设置律师制度？公、检、法都是公权

---

① 〔德〕康德：《康德三大批判合集》（注释版）（上卷），李秋零译注，中国人民大学出版社2016年版，第473页。

力机关,其之间矛盾的同一性是大于斗争性的。律师则不然。控、辩、审司法架构本身是依据对立统一的认识规律来建立的,是通过政治家来组织、设计和操作的。认识规律是抽象的,认识过程需要由具体的人、具体的事来表现。这反映了哲学、政治和法律的基础性关系。

公诉人和律师都有趋利心,不同的是公诉人靠纳税人供养,需要使纳税人满意;而律师是当事人供养的,要尽可能满足当事人的合法诉求。这是检察官和律师赖以生存之物质基础上的本质差别。因此,根据辩证的认识规律,设置了正方和反方的理性存在,由这两个理性的存在互相制衡。公诉人是为了制衡追求正义的司法权力异化而设置的正方理性存在,而律师是为了制衡追求正义的司法权力异化而设置的反方理性存在。

不难发现,现代司法制度的设立在运用认识规律时,也利用了人类的趋利性本能。具体地讲,是利用了利益供给方对立,来实现认识立场和角度的对立统一的。耐人寻味的是,其利用了人类主观的能动性,去追求客观的真相;利用了双方的功利心,使之在追求客观公正的道路上相向而行,完成主客观的统一。

律师职业是受法律服务市场调节的。如果律师见利忘义,过于偏袒当事人,超出应当保护的合法权益的范围,背离客观事实和法律,就难以实现辩护目的,自然会屡屡碰壁,成为"常败将军",会被市场法则无情地淘汰。

律师的法律服务市场又不只有市场法则。探究律师本体就是追寻律师初心。律师是义和利的对立统一体。"义"作为其社会职能,是矛盾的主要方面,"利"则是次要方面。律师制度的设立,虽然是利用趋利性,从其赖以生存的物质基础来确立其认识立场和角度,依照认识辩证法之"正反合",形成与公诉方对立的反方理性制衡。但是,其初心是为了实现公平正义。

律师的天职是以批判之精神,探究客观真相,追求公平正义。理性批判是其存在的价值所在。所以,律师不仅要精通法律及法理,还应具备哲学的基本素养——哲学智慧和哲学精神。哲学精神即为了求真而怀疑、批判和探索。

> 在纯粹理性的事情上标志着它的童稚时代的第一步是独断的。上述第二步是怀疑的,证明由于经验而学乖了的判断力的谨慎。但还需要有第三步,它属于成熟了的、成年的判断力……这不是理性的审查,而是理性的批判,由此不仅仅是理性的限制,而且是理性的界限……这样,怀疑论就是人类理性的一个歇息地。①
> ——康德

律师的批判应是建设性批判。建设是批判的题中应有之义。不要为批判而批判,而要为建设而批判。

---

① 〔德〕康德:《康德三大批判合集》(注释版)(上卷),李秋零译注,中国人民大学出版社2016年版,第466页。

律师常以单纯批判的眼光来审视司法工作成果,会招致司法人员的不满和厌烦。一位二审老法官说:对案件评头论足、指手画脚、说三道四容易,找出解决问题的出路或办法很难。经历了公、检、法三阶段的一审判决,理论上评论容易,现实中逆向说服一个个办案机关太难了。律师还是多为案件想想切实可行的"出路"吧!

一般而言,诉讼律师是理性批判的逆行者,非诉律师是理性的建设者。逆行凸显其斗争性,建设则凸显同一性。随着泛法律服务业态的发展,律师的作用早已超越诉讼的范围,其不仅活跃在法庭上,还与社会更加融合,与政治更加契合。可见,律师批判之落脚点不应落到批判的结论上,而应是建设性的解决方案。为建设而批判,有破有立,才是完整意义的实践理性批判。

【同文同宗】

"艺高人胆大。"现在律师行业整体的执业技能要比四十年前更专业了,反而自信力"缺钙"。律师行业主体缺乏自我意识的觉醒是一个重要原因。行业主体意识是行业文化建设的基本前提。

主体意识是行业文化之"根"。对于律师而言,你是谁?从哪里来?到哪里去?是律师行业的哲学思考,是律师文化的基础。对自身的认知是自信的根本源泉。没有职业认同感的人注定要自卑。失去自我没有根基,就像一个孩子如果不知道故乡在哪儿,父母是谁,自己从何而来,这种内心孤独必然带来自卑。

律师无"根"表现为律师文化的肤浅,忽视律师文化固有的深刻哲学渊源。法律赋予律师存在和职责,但没有解释其认识论依据。只告诉你干什么,而没有说为什么。知其然,而不知其所以然。正可谓数典忘祖,隐去了辩证法"直系血亲"的"高贵血统"。哲学是律师存在之母。理论上的"正统"意识必然支撑律师职业自信。哲学是律师的信念之根,精神之钙,技术之道。行业文化是讲理想信念的,是行业立足的根基。律师的行业文化不仅是律师职业自信的源泉,也是律师执业技艺的思想方法论。

党的十八届四中全会提出,要"弘扬社会主义法治精神,建设社会主义法治文化"。律师文化与法治文化始终是一脉相承的,具有共同的根基。律师文化和法官文化、检察官文化为法治文化之一母同胞,是法官、检察官接纳、认同律师为法治共同体一员的文化基因。站在陌生人面前才会怯生。站在一母同胞的兄弟面前,是不会自卑的。认同是理解的桥梁。明白了律师和检察官、法官归属同一个精神家园,都是正义的同盟者,自然会找到正确的沟通方法。

【义利统一体】

个体对公平正义的追求和律师的生存发展是有机统一的。律师通过对特定权利的依法维护实现社会的公平正义。同时,也因为对特定权利的依法维护获得赖以生存的物质基础。个体对正义的追求通过向律师的利益输送,维持了律师行业的存在,也保障了司法制度的正常运行。往深里说,正是因为人是社会属性和自然属性的统一体,决定了其职业是趋义性和趋利性的统一体。某个体支付的报酬维持了律师的生存,律师由于获取报酬而为其服务且对其负责。律师既是"天使",又是"魔鬼"。一边谈正义,一边谈收费。人类最高尚神圣的正义和最实惠的金钱统一于律师一身。

必须清醒地认识到,营利是律师生存的必要手段和条件,但绝不是其存在的目的和意义。衡量律师是否成功的标准不是挣钱多少,而在于对案件的纠错能力。我国律所不需要进行工商登记,即是将律所区别于以营利为目的的企业。律师通过对案件质量负责承担追求公平正义的社会责任。当然,律师还承担着提供法律援助、参政议政等社会责任。如果把律师当商人看待,就忽视了律师的公义性。

洞庭湖君山的柳毅传书亭楹联:海国旧传书,是英雄自怜儿女;湖山今入画,有忠信可涉风波。

吟诵再三,颇有共鸣!借喻律师,可谓贴切。此联道出了英雄豪杰的侠骨柔肠、仁人志士的忠肝义胆。如此胸襟文采之撰联者,绝非等闲之辈。细观落款,拊掌惊呼——左宗棠!原来出自左公大手笔!再次咀嚼,恍若左公在侧,浩气溢胸!

律师文化具有二重性。律师的存在是与法治"共生"和"寄生"的。从"共生"来讲,是和司法机关共同为追求公平正义而设立的一种理性存在,肩负着共同的神圣使命,这是律师文化尊荣的一面。公平正义是一种高尚的精神追求。从事与此相关的职业是高贵而神圣的,这是"天使"的一面。从"寄生"来看,不可避免地带有趋利性。律师为受托方提供有偿服务,靠法律服务市场而不是靠财政税收来维持其生存,其基本生存保障源于委托人供给。律师本身就是纳税人。这是律师行业的趋利性的根源所在。这就决定了律师是作为趋义性而设立的社会族群,却靠趋利性一面而生存的矛盾统一。所以,律师是"天使"和"魔鬼"的复合体,其行业文化具有义和利的二重性。

亚当·斯密在《道德情操论》中说道:"虽然社会里的人没有任何义务也不会感激他人,却仍然可以通过每个人的利用价值将唯利是图的人们组织起来。"所以,律师的趋利性是天性使然,毋庸讳言。他同时还提到:"行善是社会这栋大楼的装饰物,却不是基础,所以强调便已足够,而不需要去强制要求。"①

受人之托,忠人之事。成为律师和当事人对律师社会角色的认知。社会存在决定社会意识,我国的律师文化天然地打上了传统的江湖侠义文化烙印。

---

① 〔英〕亚当·斯密:《道德情操论》,李嘉俊译,台海出版社2016年版,第111、112页。

【平衡术与是非经】

律师的本质属性是趋义性,直接或间接地承担着社会责任。律师与政治存在天然的关系,办案要关注所代理的案件背后的社会意义。

律师作为个体,对社会的认知和判断是有限的。况且公平正义是相对的、有条件的,受具体的时代背景的局限,也只能追求在特定条件下对个案裁判的最大认同,或曰相对公平正义。

是非判断不是那么简单的。仅就还原事实真相而言,并非易事。根据规则认定的证据仅是法律事实全貌的碎片。靠推理判断的事实未必令人信服,何况适用法律处理的结果,更需要平衡术的考量!没有格局,只看法律,不具备超乎其外的高度,是难以把握法律的精神内涵和司法理念的人文情怀的。

政治是平衡术,法律为是非经。政治重策略,法律论规矩。政治走曲径,法律沿直线!从超然的理性视角就可以看到所谓是非的相对性。于是,便有了宽容、兼容、包容。从这个意义上说,政治的高明在于,其是超然的理性和世俗的感性平衡;是利益争斗的妥协;是主客观统一的实践艺术。

政治和法律密不可分。法律本身是有政治属性的,抹不去政治烙印。法律的实践离不开政治。法律是一种国家强制力,是由政治家设计,并保证实施的。越讲把"权力关进笼子",越是反证了权力的"无形大手"难以制约。法律在特定历史时期直接回归政治属性。监察委被界定为政治机关,但其侦办的案件由司法来裁断。没有纯粹的法律,也没有纯粹的政治。法律承担着理性判断的功能,既是批判的武器,也是武器的批判。

公平正义的实现不能仅靠法条适用,法院的公正判决不是数理逻辑的推演,而是特定的社会条件和法律内涵的衡平。事实证明,社会舆论关注度越高的案件,司法理念贯彻得越好,法律适用更显得当,大多会成为指导性经典案例,从而推动整个社会法治的进步。

一般而言,律师侧重维护个体利益,司法机关保护公共利益。当个体利益与社会利益发生冲突时,律师应发出理性之声,防止舆论"一边倒",成为社会的"清醒剂"、公私权利矛盾的"缓冲带"、庙堂与江湖之间的使者,从而发挥维护社会稳定的作用(详见本书第八章《社会型案件》)。这是律师作为理性人格代表的必然使命。

塑造律师理性的形象,不仅需要律师的自我认知和自律,还需要社会的认可,让律师享有理性人格的尊严。遗憾的是,在现阶段律师"知音少,弦断有谁听?"

没想到一个"江湖不远"的话题,竟然触发了篆刻大家——魏景岳老师的三次入印激情。以庙堂瓦当之形制,寄托江湖士人之忧思,构思巧妙,寓意深刻。两印一动一静,一圆一方。前者,布局流畅如水,绕心旋转,突出向心;后者,谋篇厚重如君,个体独立,整体和而不同。相映成趣的是,"江""不"二字俨然如君臣相对,论道议政;"远"似隐士依松,"湖"似高士抚琴。庙堂之拘谨,江湖之纵情,跃然印上。令人浮想,爱不释手。言不尽意,玩味无穷!高妙的篆刻技艺,令人叹为观止。

但见此印方正,各字规矩井然。江湖之水一繁一简,疏密得当。"不"字形变之中张扬飘逸,似为"远"字之冠冕。"远"字凸显正、士、口、心之元素,诠释江湖士人之忠心,且疏朗维雅,刚正不阿。此印较之前二,可谓庙堂味十足,似大雅之堂出身,具名门望族血统,方寸之间,彰显端庄典雅之美,秀丽雍容之韵,精致细腻之妙也!此三印借瓦当之形,均有典出,尽得汉风!返璞归真,纵横时空!浩渺洞庭,忧思范公!

第一章　律师本体观

第二节　辩者自辩

近来,关于律师的乱象频发,"追赃追到律师的代理费""律师的辩护词成为第二公诉人"以及"不允许公诉人败诉"等,引发各界高度关注,一时成为社会热点。这一系列相关现象看似是偶然并发,实则反映了社会对律师制度存在合理性的质疑和挑战。律师制度已经恢复了四十年,值得深思的是,似乎律师的存在(尤其是刑辩律师)仍没有得到社会应有的理解和尊重。

高明的政治家是把政治运动司法化,高明的律师也要把运动中的案件法律化、技术化。一言以蔽之,让批判更加理性化。作为辩方的职业责任,尤应强化。律师对运动式司法的最好配合就是理性制约,给控方"挑刺"。这不是给政治运动泼冷水,相反,正是为了让"运动"的热度保持在理性边界内。这是政治的远见,法治的要求,哲学的必然。政治立场上的反方为"反动",司法认识过程中的反方是"理性"。切勿把政治范畴的反方与哲学意义上的认识反方混同。从一般的政治层面是难以理解律师存在必要性的。只有立足于政治的"高站位",才能深刻理解律师制度在政治运动中的特殊意义。

法律设立了律师制度,但不是其存在的认识论根据。追寻律师制度的初心:为什么设立律师制度,要从更高的理论思想去找答案。

律师制度的根究竟在哪？答案在于人类最高的智慧——辩证唯物主义认识论。

> 哲学的真正意图则是使理性的一切步骤都处在其最明亮的光照下。
>
> 理性在其一切行动中都必须经受批判,并且不能以任何禁令损害批判的自由而不同时损害它自身并为自己招致一种有害的怀疑。在这里,没有任何东西在其用途上如此重要,没有任何东西如此神圣,可以免除这种铁面无私、一丝不苟的审查。……理性没有独裁的威望……尽管理性绝不能拒绝批判,但它毕竟在任何时候都没有理由惧怕批判。①
>
> ——康德

【不以成败论律师】

辩护席并非虚设

公诉人和辩护人角色的设立是为了制衡,防止实现正义的理性认识过程异化。律师的辩护观点未必全部被采纳,但其存在本身已经起到牵制作用。旨在制衡公权力的滥用,防止其过度侵犯个人利益,反之亦然,公诉方的存在也是防止个体权力的滥用。可见,律师制度存在的威慑力是一种"战略意义",使正义以一种看得见的方式实现。控辩双方是相互制约的。如果说公诉人不能输,那律师就必然输,这个制度就成了"花瓶"。公诉人

---

① 〔德〕康德:《康德三大批判合集》(注释版)(上卷),李秋零译注,中国人民大学出版社2016年版,第455页。

把自己定性为不能输的代言人,是狭隘的世俗之见,背离了控、辩、审司法制度设计的初心。只要司法职能没有异化,实现了公平正义,就是双赢。

采纳与否,不是输赢

控辩双方立场、角度不同,观点各异,对立统一。法官兼听则明,权衡利弊,居中裁量。未采纳律师观点,并不意味着律师错了。否则为什么还有二审、再审程序?如果二审法院采纳了律师的上诉意见,岂不是一审法院输了?因此,律师观点的价值不是在一次判决上,更不是在法庭的辩论上逞一时之勇,图一时之快。公诉人亦然。即使当下各级法院均未采纳律师意见,但也可能引起立法的重视和修正,个案助推法治进步之例不胜枚举。

控、辩、审司法制度是根据人类认识规律的"大智慧"来设计的。只能说控辩双方谁的认识更接近实现一个衡平的社会效果,输赢一说,是低俗之见。何况对和错本身就不是绝对的,而是相对的。

勿把公诉权当作虚荣

国家赋予公诉人的职能,是责任,不是荣誉。过分拿国家来"背书"这个职业,会滋生一种虚荣。而且不能全面理解司法体制,孤立、片面地只看到自己一方,忽视了国家同时赋予了辩护人制约公诉人的职能。只不过辩护人的职能是通过当事人的委托来间接实现的。但其权利的立场和角度同样是由国家法定的。诉讼程序中,辩护人和公诉人应站在同一个起跑线上。辩护人不是摆设,更不低人一等。只不过因其代表当事人的利益,不用花纳税人的钱,而是利用人类趋利避害的功利心,来确保当事人和辩护人之间的信任。由此足见,同样是法律赋予的一项制衡对方的权力,没有任何一方是"陪练"。

更应当看到辩护人受委托代行的是当事人的公民权。对辩护权的轻视或蔑视,就是对公民权的不恭!

虚荣滋生傲慢,傲慢带来偏见,缺乏对法律的敬畏和对公民的谦恭,是导致某些公诉人心态不平和的原因之一,也是导致冤假错案的因素之一。

明心见性

国家是一个政治、法律概念,公平正义具有超然性。国家并不自然是公平正义的化身,但其是应然的公平正义的组织实现者。正因为如此,国家才设立控、辩、审司法制度,来最大限度地保障公平正义实现。如果公诉人一方独大,就会严重背离"以审判为中心"和"以人民为中心"的制度设置初心,使追求公平正义的权力异化,影响公平正义实现,使国家形象受损,国徽蒙尘。设置司法制度,就是要最大限度地把公平正义的理念变为现实。

理解我国司法制度以及司法制度中各角色的职能作用,只有从哲学高度才能得到正解。明心见性,公诉人就会找到自己的正确位置,律师也会找到初心和自信。

> 煽动理性反对自己，从两方面给它提供武器，然后平心静气地、冷嘲热讽地旁观其猛烈的格斗，这从一种独断的观点来看不是妥当的，而是本身有一种幸灾乐祸的和阴险的性情的样子。……惟有让一方的大言不惭与另一种依据同样权利的大言不惭相互对立，以便让理性由于一个敌人的抵抗而至少起点疑心，对自己的僭妄有所怀疑，倾听批判的意见。……我认为有必要尽量地展示这种思维方式的特点。①
>
> ——康德

【如此追赃？】

某地警方追赃追到律师代理费，一经曝光，舆论哗然。律师收费的正当性被热议。其实，这是律师为"坏人"辩护这个幼稚问题的翻版：律师收"坏人"的钱，为"坏人"说话，是不是具有合法性、正当性？从根本上说，这是律师制度存在的正当性问题。

设立控辩审的司法制度，其根据是"正反合"的对立统一之哲学思想。但担任各方不同角色的毕竟是人，而趋利性是人类赖以生存的本能。公诉人和律师都是人，而不是神，都有功利心。不同的是公诉人的收入来源于纳税人，要为纳税人服务；而律师拿的是当事人的钱，需

---

① 〔德〕康德：《康德三大批判合集》（注释版）（上卷），李秋零译注，中国人民大学出版社2016年版，第464页。

要努力完成当事人的委托。这是检察官和律师在经济来源上的本质差别。追求正义的理性正方和反方都超脱不了趋利性。只是两个理性存在的利益供给方有着公私之分。公诉人是为了防止追求正义的异化而设置的正方的理性存在，而律师应是为了防止追求正义的异化而设置的反方的理性存在。但是，这并不意味着被告人个体的合法权益不在检方保护职责范围之内。检察权应当保护每一个公民的合法权益和社会公共利益。可见控辩双方在诉讼目的上是同一的。

公诉人一方是社会正义代言人，律师代理当事人一方，是个体正义代言人。让人民群众在每一个司法案件中都能感受到公平正义。其实质就是实现社会正义和个体正义的结合过程，或者叫社会正义和个体正义的平衡过程。而这个过程必须以让公众能感受到的公开审理和辩论的方式实现。因为具体的正义永远是相对的，要以看得见的方式最大限度地让人感受到公平正义，这就需要通过正反双方的辩论来达到平衡状态。因此，律师的存在是必然的，其向当事人收费是正当合法的制度设计。

涉黑案件的复杂程度之深、体量之大给律师带来的工作量和精神的压力非同寻常。关于薪酬来源的合法性，律师没有审查义务。这是为实现社会正义和个体正义的平衡目标而产生的必要成本。这和警方以及检察官、法官享受薪酬属于同一性质，怎么能当作赃款追回？

律师如果失去收入来源或者收入来源得不到一个基本的合法保障，就会动摇律师制度赖以生存的经济基础，律师制度乃至控辩审"等腰三角形"的制度也就不复存在了。这是对司法制度建构釜底抽薪式的破坏。

【律师权利从何而来】

律师的诉讼权利源于公民权,是对公民权的代为行使。公民在行使权利过程中遇到的专业法律问题,依法委托律师代理。对律师制衡权的限制,就是对公民权利的限制。司法机关对刑讯逼供、非法证据排除,多保持缄默。追其根本,源于体制内的监督制约力度远远不够。律师作为来自体制外的制约监督,其存在是十分必要的。

个案具体正义的实现,实质上事关社会抽象正义的实现。如果我们一边高喊社会公平正义,一边打压个体正义的维权,将会导致公权力的违法滥用、肆意扩张、为所欲为、失去制约。当公民具体正义权利的边界缩小,甚至难以实现时,抽象正义也就成为空中楼阁了。对权利的限制看似是程序问题,但实体正义是靠程序正义来保障的。

律师的权利从何而来?能否随意限制?谁来限制?这应该由全国人民代表大会来作出解释,用《律师法》来规范,而不能由司法机关或地方律协来规制。因为,事关的是公民权利问题,不单单是律师的执业权利问题。

某地司法局因一名律师披露侦办人员刑讯逼供问题,对其进行行政处罚,这种行政行为值得商榷。《宪法》第41条规定:中华人民共和国公民对于任何国家机关和国家工作人员,有提出批评和建议的权利;对于任何国家机关和国家工作人员的违法失职行为,有向有关国家机关提出申诉、控告或者检举的权利。律师在依法维护公民权利的代理工作中,若其权利受到部门的随意限制,会使公民在《宪法》中被赋予的权利缩水。这既动摇了律师制度的根基,也挑战了根本大法的权威。

第二章　律师理性观

人的意识的反作用力在某种利益或欲望的驱动下可能"越界"。律师主观能动性的驱动力可能是公平正义(趋义性),也可能是经济利益(趋利性)。因此,对主观能动性的负面作用应尽高度注意之义务。

司法活动是复杂甚至艰难的实践,既要达到对客观真相的正确认识,又要作出符合天理人情的法律评判,这与一般的自然科学实践不同,是挑战人类理性认识边界的极限性社会实践。

第一节　哲人气质

【哲人与技艺】

既不要把哲学神玄化,也不要把哲学庸俗化。哲学研究的不是某种知识或者技能,而是对世界的整体性思考。其在生命中表现为一个人的德性和智慧。哲学是"形而上"的理论,是对万事万物最高层次的抽象认识,是关于世界观的理论。哲学素养自然影响了人对世界的一种总的态度,进而影响到人生观和价值观。

哲学素养达到一定境界,会有一种超然的心态,表现出一种"得道成仙"的风度和气质。"道"是对自然规律、社会规律和思维规律的总概括;"仙"就是一种超然物外的忘我境界。这种变化渗透到一系列的主观感受和反应中,会形成一种超乎常人之特质:哲人气质。哲学是信仰层面的,对客观规律——必然性的敬畏、尊重、信仰。从必然王国进入自由王国的主观状态,才能自信。自信是建立在对事物总规律的认识基础上的,体现在对人生、处理事物的态度及表达方式都会豁达、超然、理性,表现为一个人的从容、淡定。这种哲人气质有着独特的理性魅力。

一个人有了思想的高度和理性的雅量必然表现为从容不迫。这是内容与形式的有机统一。这也是律师执业技能的一项重要内容。反之,客观上正确的观点,可能由于主观的表达形式欠佳,而被人忽视或拒绝。理性的思维方式与表达方式应有机统一,不可分割。真理的客观内容和表达的主观形式完美结合,意识和行为、感性和理性、思维和载体完美统一,也是知行合一。

追求真理时,内心必然是激情澎湃的,但在其表达的时候给人的感觉却是静水深流。不张扬,不偏激,温文尔雅,雍容大度。忘我的无所畏惧的淡定,这种境界是哲人的。这种从容的表现已然艺术化了,是无痕表演的表达艺术。艺术就是美。如果说律师执业追求的是事实真相(真),出发点和归宿是公平、正义(善),那么,在表达技能上则应是一种理性美。

律师既要洞察案件本质,又要精练而艺术地表达其深刻思想和观点。这火眼金睛的判断和温润如玉的表现皆从修行、感悟升华而来,从而达到真善美统一的哲人境界。如此这般,让当事人、法官收获的是一种精神享受。此可谓"文化附加值"。

【理念的实现】

"法律不能使人人平等,但在法律面前人人平等"这是出自波洛克的一句法谚。法律是规则,平等和正义是理念。理念的实现,只依赖于规则是不行的,还要有司法人员来贯彻适用,作出平衡各方利益的判断。规则和理念是抽象的,实践是具体的。只有通过司法实践,才能尽可能地把有限法条的形式上的平等和理性应然的平等结合起来,使个体正义和社会正义尽可能趋于平衡。

律师的任务是将法律适用到个案的"最后一公里",尽可能在个案上实现法律所蕴含的公平正义的理念,以个性的具体正义来彰显法律的正义共性,而不是"因言害义"地局限于法律教条。

因此,实现公平正义,仅仅通过公权力是不够的,还要有为相对个体的法律服务。为个体提供法律服务,不能用纳税人的钱,其服务费用只能由相对个体支付。所以,法律服务须是市场化运作。但律师是特殊的市场主体,不完全受市场规律的制约。因为,律师存在的价值不是只为了营利。如果律师一味地迎合当事人,偏离了公平正义的使命,就失去应有的价值。

实践也是个人修行的过程,就是在不断否定自我、矫正自我的过程中,实现主客观的统一,由必然王国进入自由王国。实践、认识、再实践,如此循环往复以至于无穷。矫正的过程是自我反思和克制的过程。人有七情六欲,会让主观偏离客观,使自己偏执而不自觉,或知错而不愿纠。人们对自己观点的坚持,有时出于感性与偏爱,这是人性的弱点使然。其实"偏见比无知离真理更远"。

与否定控方观点相比,辩方要改变自己更难。律师毕竟站在一个对立的角度看问题,其观点未必完全正确。更何况一个案件的审理结果不仅仅是纯粹的理性判断,还有面对社会利益的平衡。没有一个人的观点完全或者永远正确。知人者易,自知者难。改变自我、完善自我更难。当然,为了当事人的利益,在一定条件下,律师也有"揣着明白装糊涂"的时候,但绝不可"揣着糊涂装明白"。

【"寻根"与修养】

何为修养,修正果,养正气。从"吾善养吾浩然之气"可知:修养乃养天地正气。世俗人眼里,律师背着为坏人说话的"原罪黑锅"。

律师的事业是正义的事业,是以理性的批判同错误甚至邪恶较量,防止无辜者被追究,依法维护公民的权利。律师的存在是为了让法律更神圣。所以律师本应有其合理合法的道义亮点,况"出身"归属于认识辩证法

"家族",是哲学的"直系血亲"。律师制度是人类文明、法治史的优秀文化成果。一些律师理不直,气不壮,认为是为"坏人"说话,把自己当成了邪恶的形象代言人,自己站在了正义的对立面。

一旦理解了律师是正义事业的必要组成部分,就有了正确的修行方向,就会有自己的律师文化。当下,很少有歌颂律师的文艺作品,即使存在,也多歌颂家事律师及公司律师,歌颂刑事辩护律师的作品寥寥无几。总是有人担心赞美律师,会有损司法机关形象。如何让律师为正义而辩的趋义性属性成为被歌颂的对象,是值得深思的社会问题。当然,律师只有提升自身修养,彰显浩然正气,才会受到尊敬与赞美。社会对律师的正面认知度决定着律师的执业环境的改善度。

律师文化会带来律师行为模式与思维模式的转变。正气凛然与蝇营狗苟的社会形象自然会有云泥之别。律师自身对社会角色的认识必须是维护正义的正面角色。律师以社会为广阔的活动舞台,是公众人物,是法律的"形象代言人"之一。文化带来的行为自律是春风化雨、温润无声的。

律师文化也改变律师的思维方式和思想觉悟。律师在艺术、科学和哲学等方面一旦有了较深的素养,会打通"任督"二脉,升华到超然性的思维方式。律师文化与其社会形象密不可分。所以,这是战略性问题。律师对自身作为理性存在的独立性和必要性没有觉悟,就会成为无根之木,经不起风浪,更不能成长壮大!深刻理解律师文化,完成"寻根之旅",才能找到归属感、使命感。正所谓:不忘初心。可见,律师文化建设是律师的"寻根之旅",乡愁所系,觉悟之修!

> 目前,司法实践中视律师为"异己",对采信律师的观点心存忌惮,导致律师存在的应然作用不同程度地虚化、弱化,严重危及司法公正,影响了当事人合法权利的维护,这与律师文化建设不足、律师的社会公信力不够有着直接和间接的关系。比如"疑罪从无"这是对被告人有利的认识逻辑和司法原则,但法院的采信率极低。"疑"本是两可之间的东西。疑罪应该选择对被告人有利的逻辑推理,结果实践中恰恰相反,除死刑等重大刑事案件外,在普通刑事案件中,此类辩护观点多为无效辩护。律师的辩词推理、慷慨陈词大多付之东流,于是乎社会上竟有了律师"无用论"之说,导致律师在此类案件中名存实亡。

对律师文化建设不可小觑。法治文化建设离不开律师文化的提升,律师文化建设还要靠法治文化的繁荣。改变律师文化缺位现象已经刻不容缓。

法律不等于法律文化。文化现象往往通过艺术形式表现出来,实质上反映的是一定历史时期人类因地域或职业形成的共同体的内在精神追求。如半坡文化鱼纹彩陶盆,就是渔猎生活及其精神追求的艺术表现。相对而言,律师是按照人类认识规律,为了制衡追求善的过程变恶而设立的理性反方存在。从感性上来讲,是难以被普通民众所理解和接受的行业,是一种特殊的文化现象,可谓理性的小众文化。律师不像教师,是正面的社会形象,可以从传统文化中提炼出其职业文化符号,如被喻为春蚕、园丁、蜡烛。律师这个"舶来品"缺乏自身文化土壤。脱离了本土文化独创文化是不可能的。目前社会对律师的理解偏差仍然很大,其不易被传统的官方和民间文化接受。律师文化建设应从自身特点出发,从传统文化中挖掘相近的文化符号。比如"木铎",是商周时期用于教化、采风,上传下达,了解黎民心声,沟通官方和民间的器物。与律师职能相近,或许,一定程度上可以作为律师文化的象征。这枚表现律师师徒传承的"木铎青蓝"之印,巧妙融合传统文化元素,可谓匠心独运。

【文化与师尊】

律师文化二重性决定了强化其社会责任的重要意

义。世界上最古老的大学博洛尼亚大学最初是在研究罗马法的"法学馆"的基础上建起来的。法律的正义之剑源于神授,法律至高无上,在王权之上,被奉为信仰。宗教的神圣、法律的崇高激发着法律从业者高尚情操的产生。无论是社会,还是法律从业者的自我认知会弱化其趋利性。

罗兰蒂诺之棺

伊尔内留斯

博洛尼亚,一个古老而优雅的城市。基本保持文艺复兴时期风貌。仿佛是一个低调而内涵丰富的沧桑老人,从不张扬自己曾经的辉煌。世界上第一所大学——博洛尼亚大学在此(建于1088年)。这是法学研究和教育的滥觞之地。法学家罗兰蒂诺(1215—1305)和埃及迪奥(?—1289)的石棺与教堂、圣人并列,作为"城市雕塑",被供奉在该市中心的圣多米尼克广场方塔内。市政厅主厅内悬挂12世纪伟大法学家伊尔内留斯(博洛尼亚大学创立者)的壁画。

中国则不同,"师"字本意指社会上受人尊敬的传道、授业、解惑的自由职业,讲师道尊严。传统文化供奉"天地君亲师""一日为师,终身为父"。但是,这个"师"

与信仰和神圣无关,不像西方是直接从对神的信仰中孕育而来。

佛门称法师,道教呼律师。在陕西终南山楼观台,偶见此塔铭文中"律师"字样,职业敏感,近前详考。此乃道光年间道士塔铭。这恐怕是最早的"律师"称谓了。耐人寻味的是道士与当代律师的关系,总不能仅仅是重名而已吧!其中内在的通义,值得琢磨。

欧洲对律师的尊重源于他们的法文化,是以近乎于对神的尊重来认知其社会地位的,这是一种理性的、处于信仰层面的情感。江平先生提到:在美国,律师是一个令人羡慕但不被尊重的职业。这揭示了在美国律师行业的趋利性超过了其应有的趋义性,引发社会对其职业的不敬。对我国来说,律师是舶来品,在文化传统中对律师的认知则是感性认知更多一些。这种法文化的差别,直接影响到律师文化的特点。文化是讲究历史传统的,非一日之功。因此,我们应该借助文化传统中关于"天地君亲师""师道尊严"等主流社会的肯定性文化定势和社会美誉度来彰显律师的社会责任,利用可借鉴的本土文化资源,提升律师的社会形象。社会对律师的尊重,反过来会激励律师的自我正确认知。如果律师不把自己当作一种理性的存在,而是趋炎附势、见利忘义,不能正确把握趋利性边界,使"天使"一面大大逊色,形象被"魔鬼"阴影遮盖了,必然会使社会对律师形成负面评价,失去应有的敬仰与尊重。如此一来,一旦形成恶性循环,会动摇司法制度的根基。

【高尚与世俗】

律师面临的基本问题同样是主客观能否统一、如何统一。客观是不以人的意志为转移的客观实在,是刚性的。人作为实践主体,其主观世界是柔性的。控、辩、审三方作为司法实践主体,同样具有主观性。同样是高尚与世俗、理性与感性的统一体。中正仁和、温润如玉的理性心态是公正评判案件的必要主观条件。

控方也有功利心,他们不是正义的化身,只不过是实现正义过程中有着七情六欲的参与者而已。

正义是一个高尚的话题,追求正义是高尚的行为,但却是由世俗的人们来进行的。这是高尚与世俗的对立统一,雅与俗的辩证法。所以,许多主观上的想法在客观上实现不了,归根结底就是社会太复杂,人情世故、功利心干扰了司法的正常运作,这是人性使然的东西,是不可能清除的,但它也需要制衡。

冯友兰先生说过,人不一定是宗教的,但一定要是哲学的。司法者尤应如是。

律师也是理想与现实的复合体,也离不开利益驱动。所以,要知己知彼,巧妙而正面地利用双方的功利心,尽可能地摒弃私心杂念,去探寻客观事物的真实面目,追求公平正义。

律师和公诉人都有功利心。搞法律的人不能太物质,要提升道德情操。蝇营狗苟建立不起法治生态。法律源于世俗,高于世俗,要引导世俗,而不是迎合世俗。司法人员应该超脱、升华,让人们充满尊重与景仰。法律人的信仰,既是世俗的,又不可媚俗,要超越世俗。对世俗的回归是更高级别的否定之否定的回归,这种世俗不等于原生态的世俗,是理性化了的世俗。

在追求主客观统一时,主观在此岸,客观在彼岸。律师与公诉方同船共渡,只是律师在船的一侧,公诉人在另一侧。要了解另一侧的"划法",才能有一个比较正确的共渡方案。在追求主客观统一过程中不是只讲正义就行了,还要讲道义,讲人情。为什么刚刚走出校门的学生不能马上适应社会,主要是他们不懂世俗社会的人情世故。理论上学的东西太理想化了,而现实又是世俗的。

将抽象思维、辩证思维内化为自己的行为模式,需要一个不断训练的知行合一的实践过程。实践是实现主客观统一的桥梁。在不断修正的过程中,公诉方有绩效考核等各种行政管理因素需要考量,既要利用其功利心,更要考虑法律的尊严与信仰。哪些是理念层面的,哪些属于技能层面的,哪些是能妥协的。不断修正自己的观点,矫正自己的行为,努力影响对方的观点,并让对方接受你的观点。互相沟通,彼此靠近,最终连为一体,齐心协力,目的也就能实现了。

第二节　律师的思维

思维属于意识范畴。意识是第二性的。相对于客观性而言,屈居从属地位。意识虽然具有主观能动性,但不能突破物质条件。意识通过感性到理性不断地深化,把握事物的客观本质,从而反作用于客观,即主观能动性。但主观能动性有时会"得意忘形",无限夸大认识能力,将主观臆断强加于客观逻辑,使意识游离于客观的制约,冤假错案就是人类主观能动性的"次品"或曰"副产品"。

思维规律是由物质运动规律决定的,是对物质运动规律的反映。所以,思维有规律可循。律师之所以能够与法官沟通,在法庭上唇枪舌剑,就是基于人类思维运动规律是同一的这个大前提。如果没有共同的思维规律,相互之间逻辑不搭界,就无法进行思想交锋。双方在一起沟通交流是因为有同一个逻辑,而不是同一个观点。正所谓:我不同意你的观点,但我誓死捍卫你的发言权。因为我们可以遵循同一个思维逻辑进行论辩。

【主观能动的"双刃剑"】

人的意识的反作用力在某种利益或欲望的驱动下可能"越界"。律师的主观能动性的驱动力可能是公平正义(趋义性),也可能是经济利益(趋利性)。例如,为了达到一定的诉讼目的,运用封闭性询问技巧,往往是暗含其主观所需要的答案。封闭式询问是通过聚焦某一点事实,阻断其他答案的可能性,"封闭"对方的其他思维联想,直达所探究的"事实",把对自己有利的事实"真相"挖掘出来。这是主观能动性的技巧性表现。但是,如果罔顾客观事实,追求的不是客观存在的真相,而是律师和被告人的趋利心所需要的所谓"真相",则是主观性取证的唯心主义做法。

运用法律智慧,挖掘出被侦查机关遗漏或隐瞒的真相,找到对被告人有利的客观证据,是律师职责所在。客观存在的真相只有一个,但律师执业技能发挥的方向却分为唯物论和唯心论两种。可见,主观能动性是把"双刃剑"。客观性原则要求"你的技巧永远不要超越你的品质"。封闭式询问是用来挖掘客观真相的,不能用来编造主观构想的"真相"。如果依靠技巧制造假象,法庭调查岂不成了制造伪证的现场!所以,一定要牢固地树立唯物主义世界观,坚持客观性与正义性相统一的原则。否则,弄巧成拙,助纣为虐,危害社会,殃及自身。

人具有社会属性和自然属性。自然的生物性本能决定了人有趋利性,是自私的,可谓恶。但人作为社会性动物,更有利他的一面,可谓善。社会属性才是人之本质属性。正基于此,趋义性是律师的本质属性。人的主观能动性之两面性,不仅有唯物与唯心之别,还有善恶之分。

律师作为追求正义的理性职业,对主观能动性的负面作用应尽高度注意之义务。换言之,对"善"的要求标准要比一般人更高。但是仅凭主观的善心是不够的,因为"好心还会办错事",应该建立在客观的理性基础上。法律人的主观能动性应该是在理性层面,不能停留在感性层面。这个"自由王国"是由理性主宰的。对社会法则和自然法则是理性的认识。实现自我意识的觉醒,理性的回归,"随心所欲而不逾矩",是对法律人主观能动性的特殊要求。因为法律人如果没有理性和自律,污染的不是水流,而是水源,危害更大。

而由于律师职业是依赖当事人利益而生存的,所以,社会对律师趋利性的防范也更为苛刻。日本学者佐藤博史在《刑事辩护的技术与伦理——刑事辩护的心境、技巧和体魄》一书中特别强调:"律师道德的重点是强调内心精神世界的净化。"[①]

【思维的逆行者】

律师职业之所以有庄重感,是和理性密不可分的。是因为这个群体对事物的认识具有理性的批判力。理性

---

① 〔日〕佐藤博史:《刑事辩护的技术与伦理——刑事辩护的心境、技巧和体魄》,于秀峰、张凌译,法律出版社2012年版,第7页。

自带着神圣的光环,是受人景仰的。

具体来讲,律师可以认识案件的内在逻辑,可以洞察卷宗中证据的真伪,分析预判案件走向和结果。

> "理"字,有很深的内涵。中国的文字发音是有讲究的。例如,理、礼、力、利、立等,虽然字形不同,字义也有区别,但读音近似,这不是巧合。就像"龙"的读音和打雷的"轰隆隆"一样,字音和字义之间,往往能揭示出它们内在的联系。只有保持理性才有逻辑的力量,才能自立,才能获取利益,才能被尊重,以礼相待。所以"理"字,它虽然高高在上,但它是以感性为基础的。正确认识并处理好这些关系,是律师的基本素养。

律师是作为制衡实现正义的司法权异化而设的理性反方存在。这种理性存在不同于从审查起诉到审判的层层理性过滤,因为它们是同向的。唯有律师的理性过滤是逆向的。《宪法》《刑事诉讼法》规定的公、检、法三方互相制约、互相配合,由于体制的原因,只是同一性制约关系。而律师在体制之外,赖以生存的基础是委托人,所以和他们是对立性制约关系。律师是理性批判者。高速公路是封闭的单向行驶,不允许逆行,以免碰撞。法律恰恰在司法认识运动中允许律师作为理性的反方,实现思维的逆行。就是要让不同观点产生碰撞,使真理越辩越明。

律师应具有非凡的认知能力,除了知识和经验外,还要掌握方法论,也就是认识事物的思想方法。一些由于被告人的狡诈和司法人员的功利心而形成的不实证据，都需要律师有超凡的认识能力，俯瞰全局，审视全案证据材料，评判法律责任。

法律是规则，哲学是智慧。规则的运用实际上是智慧的较量。同样的规则，你的对手也在用。理性的狭路相逢，智者胜。律师是思维的逆行者，其逆行不是仅靠勇气，更需要理性的批判能力。换言之，律师是逆行的智者。只有勇气，没有技能储备，"逆行"就是逞匹夫之勇，是自取灭亡。

逆水行舟，不进则退。律师如果没有智慧，当和对方处在同一水平时，就不能旗鼓相当、平分秋色了。因为逆水行舟要比顺水行舟付出更多的力量。公诉方是公权力一方，在同等条件下，其可以运用的公权力资源是远远多于律师的。现实中双方是不平等的较量。如果律师不提升自身的思想力，在能力等诸方面与对手等量齐观，就是不进则退了。所以律师的理性批判能力要优于对方才行。

逆水行舟，是要纤夫助力的。律师是思想的逆行者，理性的纤夫。思想的逆行是理性的批判，是靠思想力逆流而上的。

所以，批判性思维的前提是律师要掌握理论武器。如果律师自己都不知道什么是客观性，怎能评价证据的客观性？所以，律师要有优于普通人的理论水平，具备基本的哲学素养。

【理性的孤独】

批判即是否定。根据否定之否定规律,批判,是在更高层级上的否定,往往要有一个被人接受的过程。所以罗丹雕塑的思想者,表情是痛苦、孤独和忧郁的。

律师的天职是反对,职能就是批判。面对着强大的国家机器生产的"正义产品",要进行一番证据考证,还原事实,依据法律精神和具体规定作出以自己的受托人合法利益最大化为首位的判断。公、检、法机关则是以社会秩序为首位进行考量的。在听取社会呼声的同时,更要注重理性的考量,只是考量的责任主体不同。如果说感性是一匹狂奔的烈马,理性就是把握奔跑节奏和方向的缰绳,真理向前一步就是谬误,烈马失控,向前一步就将坠落悬崖。律师在理性思考时,以道义为圣,以逻辑为王,内圣而外王。但内心往往是孤独的,心境是忧郁的。特别是在其进行逻辑推演后,发现理性结论和社会感性的呼声不同,甚至截然相反时。

泰国一位法官,在宣告被告人无罪后,开枪自杀,令人唏嘘。他明白,按照理性逻辑得出的结论是被告人无罪,但按照民众的呼声,宣告被告人无罪有悖于良知。最终他对法律进行了毫无保留的执行,但是面对"良知"采取了自我毁灭,充分反映理性和感性的矛盾。

律师作为理性的存在,既要有一颗悲悯之心,又要把感性升华到理性。在悲悯的感性和无情的理性之间寻找平衡点,找到最大公约数。如众所周知的聂树斌案、呼格吉勒图案等错误的判决经不起历史检验,带来了沉痛的历史教训,极大地摧毁了法律的公信力。一旦人们对法律失去信心,必然导致社会的混乱,最终受害的其实还是我们每一个人。律师承担着社会责任和历史使命,不容小觑。辩护律师看似是为个案中的个体利益而思考的理性存在,实则是社会理性的过滤器和平衡重!社会的公平正义正是个体公平正义之和!

【感性的温度】

笔者曾代理一起案件,至今难以释怀。一位刚满18周岁的男孩因与他人发生争执,被一刀刺中心脏,当场毙命。被害人的母亲一夜白头。当时检察院认定为故意伤害致死,而这位母亲坚决要求判处凶手死刑,为儿子报仇。虽然本案最终判处死刑的可能性很小,但最终检方也迫于压力,以故意杀人罪起诉。

法律是理性的,但理性说服不了这位母亲的情感。正确地适用法律并不能排解这位母亲心里的仇恨。对于这样的个体,可以明显感受到法律的局限和理性的冷酷。如果不判处被告人死刑,恐怕这位执着的母亲会用毕生的精力来追求她认为的"公正"。如何才能让她心目中的正义实现?

律师办案时,是彻底的唯物主义者和无神论者。因为要以承认客观事实的存在作为逻辑推理的最基本的前提,用客观性思维去处理遇到的各种问题。但司法实践不能忽视社会效果,如此一来问题就复杂了。

人所赖以生存的世界不仅有物质世界,还有精神世界,就是意识。虽然强调要面对现实,但有时也需要自我慰藉。很多现实问题人类无法克服,不愿面对。一些老年人易信神佛,是因为他们恐惧死亡。过年讲恭喜发财,不一定就能发财,但是人们愿意讨个吉利。

宗教的功能之一就是给人以精神慰藉。宣扬人有来生,以及博爱、宽恕。这位母亲如果相信她和儿子来生还能相见,也许可以排解一些痛苦,不至于绝望,或许也不会如此坚决地要求判处被告人死刑。

哲学对于人生的慰藉在于让人看清世界和自己,而宗教因为信仰压制理性,其慰藉功能有时更强大一些。一味地坚持唯物论,对于这位母亲而言就显得冷酷了。当物质和意识关系发生对立时,必须坚持物质第一性。但也要注意发挥主观能动性的积极作用。如何处理物质决定性和意识能动性的辩证关系?如何平衡法律的理性与人们的感性冲突?这是哲学的基本问题:主观和客观的同一性问题。实践中正确地处理好二者的辩证关系,正是哲学的智慧所在。

法律是一种惩罚的手段。它虽然理性地惩罚那些破坏社会秩序的人,但其作用不是万能的。有时绝对理性的法律与人们相对感性的需求无法达到一种平衡,社会治理不能只靠理性和法律,还要给绝望的人以希望和温度。我们作为律师,尤其是刑事辩护的律师,面对的是生命和自由的选择。于我们而言,这是一个案件,是一份工作。但是对于案中人来说,这是他们的人生。

律师是直面各种社会矛盾的人。我们工作的着力点往往是社会矛盾的焦点,这就要求我们要善于思考,并善于表达,为社会的治理提供自己的见解,积极推进社会的公平公正,成为完善社会治理的助力者。

米兰公共墓地——感受生命的句号,逝者的尊荣,人生的结局,时间的凝固,哀思的寄托,纪念的艺术,过去的岁月,死亡的庄严,生活的意义……

当前我国社会的主要矛盾是人民日益增长的美好生活需要和不平衡不充分的发展之间的矛盾。美好的生活不仅是物质的,还有精神层面的。在个案的处理中,如何让当事人感受法律公正的温度,同时让人们体验法律的严肃和美好,是司法面临的哲学和艺术问题,处理得好有助于提高"全民守法"的自觉性,进而实现全民信仰法律的宏伟目标。

【认识的"坐标"】

人的理性认识是从感性认识升华而来的,对案件的认识过程也是如此。会见、阅卷、取证的过程,是获取案件丰富感性材料的阶段;抽象、批判、推理的过程,是形成理性辩护观点的阶段。

感性认识是现象层面的,往往是碎片性的。"盲人摸象"故事中的每个盲人说的都是个人感受到的片面的、孤立的现象,将其汇总、提炼,才能升成"象"的概念。理性具有高度的抽象性。抽象的思维能力和概括表达能力可以精准把握共性,运用概念进行推理和表述,方可条理清晰,层次分明,言简意赅。

理性认识是对事物本质的认识。有些律师之所以被检方牵着鼻子走,迷信起诉书指控的事实表象及相关证据,就是只停留在对案件的感性认识阶段,没有深入研究、去粗取精、去伪存真、由此及彼、由表及里地升华到理性层面把握案件的本质。

"横看成岭侧成峰",步移景换,多角度全方位地认识事物应是律师的基本素质。虽然律师只为一方辩护,但作为认识主体全面分析案件与作为辩方有所侧重地发表辩护观点并不矛盾。只有全面深入地了解案情,系统地把握案件特性,其辩护目标的设定以及代理方案的策划才能更精准。最后的认识结论一定是通过感性认识上升到理性认识而得出的,这就是认识过程和角度的全面性。这是理性的纵横,认识的坐标。全方位的认识有机整合在一起得出的结论才更接近客观真相和公平正义,更接近法官的思维和判断。

某贪污案检方把截留到"小金库"的钱认定为贪污赃款。无视截留后的去向——是否中饱私囊。这是割裂了事物的全过程的片面观点。我们提出应全面审视该款的来源和去向,截留不等于贪污,关键要看去向——是否是自肥。这一辩护意见最终导致检方将该指控撤回。

司法工作者留下了不少经验之谈,这尚属感性认识。比如,一个人说听,两个人说信,三个人说定。为什么一个人说只能听？因为那是孤证,没有印证,孤木难支。两份证据互相印证就可信;当然如果是客观证据和证人证言能印证,两份证据就能定了。三个人说的都一样,基本上就能够认定,但也不是绝对的。如果三个人的证言都是刑讯逼供出来的,"雷同卷"就不能定了。这些经验之谈可参考借鉴,但不可拘泥硬套,要理性分析。

如今司法水平整体提高,公民法治意识增强,再加上现在的网络助推,许多案件社会关注度高,舆论影响大。所以,在感性向理性的飞跃过程中,又增加了社会认知和判断的参与。

原来讲司法判断是专业的、封闭的、独立的,现在已经进入互联网时代,尤其是自媒体的存在,封闭已不可能。目前社会舆论的参与,有点社会"陪审团"的意味。

实践证明,社会高度关注的案子的社会效果和法律效果都很好。专业人士的理性判断,加上社会判断的参与,利大于弊。它会使感性向理性升华的深度大大加深、广度大大拓展。

【正义的相对性】

某次乘机,起飞前机组报告:发动机故障。折腾半天,终告无法排除故障,航班取消。存疑不飞,类似于刑事司法"疑罪从无"。因为一旦发生不测,损失无法弥补。司法应与航空有同等之严谨:同样基于人类认识能力的局限性,同样承载着他人不可复制的生命。

人们孜孜不倦追求的公平正义,是一种理念,属认识论范畴,是通过司法实践而实现的。主观愿望与客观判断达成一致,满足人们的心理平衡。每个案件都是具体的,具体的正义都是有条件的,受主客观条件的限制。然而条件又是相对的、可变的、有限的、暂时的。永恒的公平正义只是一个抽象的理念,每一个具体的公平正义都是有条件的。条件发生变化,正义的标准也随之变化。

正义的相对性对律师实践具有重要意义。正因为正义是相对的,才使律师的存在成为必要。如杀人的法律责任,一旦存在正当防卫情形时判断标准会发生变化。条件的变化是此消彼长的。律师的代理工作就是不断发现条件、创造条件和消除条件。律师不仅自己要明白相对性原理,还要将这种理念灌输给当事人,以避免当事人对判决结果产生与其主观期待不符的落差。同时,律师也不能把自己的主张目标绝对化,从而走向偏执。

条件的变化是客观性和相对性的动态统一。客观性即不以人的意志为转移的实在因素,是稳定的。律师要善于把握客观性的证据或主观证据中客观性的因素,将工作目标与客观性条件相统一,从而以最大可能追求所设定的目标。

实践是检验真理的唯一标准,这是个哲学论断。实践也是受主客观条件制约的,有相对性。奔月,以前只是个神话故事,现在成了现实,就说明了实践的相对性。不要拘泥于一时一世、一事一地的实践。此时不行的事情可能彼时就能行,在此处不行的可能彼处就可以。

司法审判是极其复杂甚至艰难的实践活动。因为,从主观条件上看,实践的参与者的主观心态差别极大,且是对抗性的;从实践的目的来看,既要达到对客观真相的正确认识,又要作出符合天理人情的法律评价,这与一般的自然科学实践不同,是挑战人类理性认识边界的极限性社会实践。因为,具体的裁判结果只是有条件地认定法律事实,而不等于对客观事实的最终判定。同时,依据法律事实作出的法律评价,也不会是与公平正义目标达成的终极统一。所以,在程序的设置上就会有一审、二审,甚至还会有再审裁判。因此,裁判不是检验公平正义的唯一标准。可见,司法审判实践活动的相对性因素,决定了其裁判结果的相对性。

不同的立场,不同的价值观,不同的思想方法论直接影响着正义观的变化。真理是相对与绝对的辩证统一,没有绝对的真理,也就没有绝对的正义。

虽然说不能把裁判作为我们对于事物认识的终点。但是作为法律人,要遵循法律规则,生效判决应当尊重。苏格拉底为此奉献出了自己宝贵的生命。这是个非常严肃的规则。所以讲,法律能保证的是程序公正。

【无,是未完成的有】

索菲亚·罗兰所讲"恨,是未完成的爱",一语道破"爱与恨"的辩证关系。同理,无也是"未完成的有"。黑格尔认为的"无",是潜在的有、未生成的有,换言之,也是"未完成的有"。"疑罪从无"之"无"就是一种"未完成的有"。司法人员认识能力受主客观条件所限,确实无法查明案件事实,就要严格遵循程序正义,只能依法适用"疑罪从无"。可见,"有和无"不是绝对对立的,而是对立统一的。

在司法实践中,成立某罪名须具备该罪名的犯罪构成要件,如果欠缺其中任何一个要件,就构不成该罪。换言之,未完成构成要件,也就无法成立某罪。如贪污罪中,公诉机关指控被告人截留公款,辩方要关注案卷里是否有中饱私囊的证据。正是因为辩方的知识储备中有了关于贪污罪的构成要件,经过严谨的逻辑推理演绎,便可以敏锐地发现是否缺失这个要件,从而找出辩点所在。

我们需要辩证地看待"无中生有",不能违反客观性原则。如果颠倒是非,人为制造冤假错案,"无中生有"就违反了客观性原则。如果穷尽事实找出了定案的客观证据,此时"未完成的有"变成了"已完成的有","无中生有"就恰恰坚持了客观性原则,因为客观上本来就有潜在的证据存在。

由此可见,"有和无"的辩证关系贯穿了司法实践的始终，但我们尚处于自发状态，还未上升到自觉层面。律师这个职业群体依法执业，但没有国家赋予的强制力。提升思想力是律师的重要功课。思想力虽无形，但它的力量却是无限的。这是律师执业能力上的"无中生有"。

老子哲学中的"无为而治"，讲的是尊重客观，顺应自然，不要人为地、主观地违背客观规律。其无为思想与司法实践中依照认识规律，尊重客观证据，追求客观真相是一脉相承的。其"无为"实则为"无不为"。试想，如果反其道而行之，岂不是司法实践者之大忌？可见，有所为，有所不为方得其真谛。

【审慎认罪认罚】

司法实践活动以查明案件事实、追求客观真相为目的。但在客观上认识能力是有极限的，当无法查明事实时应坚持"疑罪从无"。何况司法活动是对抗性认识过程，检察机关想查清真相，被告人恰恰想掩盖真相、逃避惩罚。所以真相难以查清，客观事实难以还原。

"疑罪从无"理念的贯彻，可以避免冤枉无辜者。但有时我们明知他就是凶手，无奈的是掌握的证据证实不了。被告人一方掌握隐蔽性证据，如尸体、作案工具藏匿处，一般很难找着。女留学生章莹颖在美国失踪后死亡至今未找到尸体。认罪认罚从轻，就是在量刑上做些让渡。由于侦查能力的局限性，加之让被告人认罪认罚违背人类趋利避害之本性，故以"从轻"来做弥补，实质是"诉辩交易"。从哲学上看，认罪认罚从轻的本质就是对某一事物的认识能力达到极限后,利用人性趋利避害的一面,调动被告人的主观能动性来解决认识能力局限性的问题。这是用形而上的理念解决了形而下的问题,以哲学智慧解决调查取证的技术问题。

我国"认罪认罚"制度目前尚在起步阶段,难免出现一些问题。现实中有些检察机关以此降低证据标准,会使侦查越来越粗糙,对被告人的认罪认罚形成依赖。基于降低侦查的难度、杜绝被告人申冤再审、稳定社会秩序等因素的考量,在未达到认识极限时,就通过极小的量刑让渡使被告人自己交代,将有和无的问题变成轻和重的问题。律师作为专业人士,应看透其实质,对劝说自己的被告人认罪认罚持谨慎态度。在事实能查清且尚未查清的状态下认罪认罚,是对"以审判中心"司法制度的一种悖论,对辩护制度的漠视。律师作用的发挥主要在法庭上,开庭之前就让被告认罪认罚,那辩护制度的意义何在?

第三章　律师交往观

司法生产力决定生产关系,良性互动的生产关系又将反作用于司法生产力。"哲学思想就是源自对体现在认识、语言和行为当中的理性的反思"①,律师和法官、当事人的交往行为,不仅涉及行为规范,而且体现处世哲学。

这张一千多年前的无嘴脸——信使为信主保密——守口如瓶还不行,直接没嘴了。人们用几年学会说话,却要用几十年修炼城府——学会不说话,少说话,什么时候说什么话!律师靠嘴,而成功律师知道什么时候用嘴,什么时候住嘴!

---

①　〔德〕尤尔根·哈贝马斯:《交往行为理论》(第一卷),曹卫东译,上海人民出版社2018年版,第17页。

一宗案卷藏世界，半边席位争乾坤。律师是以半边席位制衡司法的天平。而整个司法实践活动的完成需要各方互动，紧密配合，相互制约。如果把司法活动看作司法生产力，律师与法官作为司法生产力的主体，二者之间的关系就是基本的司法生产关系。律师权利源于当事人的委托，律师和当事人的关系是基础性的司法生产关系。

法律是神圣的，但徒法不足以自行，要由人来实施。人是有感情的，不是纯理性的。在适用法律过程中，律师与相关司法人员以及其他诉讼参与人的交往行为，一定程度上影响着法律的正确实施。加之我国有着"人情社会"的传统文化，缺乏现代法治精神，人们对法治的信仰尚在培树中。

"律师伦理就是律师与他人发生关系时，即律师执行业务时应当遵守的行为准则。由于律师身处利害关系对应最严重的旋涡之中，因而律师伦理在法曹伦理中处于核心地位。"[1]在复杂的社会关系网中，律师需要在执业纪律等行为规范方面严格自律。只有具备正确的世界观、人生观、价值观，才能自觉信守内心的道德律。显然，与执业相关的交往行为属于律师执业伦理的范畴。

有些律师学历很高，法学功底也很深厚，在业务上却举步维艰。相反，有些律师自学成才，却做得风生水起。

---

[1] 〔日〕佐藤博史：《刑事辩护的技术与伦理——刑事辩护的心境、技巧和体魄》，于秀峰、张凌译，法律出版社2012年版，第7页。

何也？律师本身就是个"杂家"，是面向社会服务的，需要丰富的社会知识和人生经验。而世事洞明和人情练达是"实践出真知"，不是书本上可以学来的。

总结律师职业交往经验的书较少。究其原因，一是有种误解：认为这些东西没有太大的理论价值，登不得"大雅之堂"，故而没人关注。二是有点儿"难言之隐"：此乃私房话，向门徒私下传授，而公众不宜。但也有些有普适性、经验性的，而且很实务的，还是可以与同行分享，让年轻律师"照葫芦画瓢"，少走弯路，便是捷径。

律师多有抱怨：大量的时间都用来斡旋关系。这也从侧面证明，做律师要先学会做人。学会处理人际关系，也是律师基本修养。律师讲究职业礼仪，尊重法官，和法官交流起来就会融洽。

当事人请律师，并不都因为欣赏其业务能力，也有考虑这个律师是否能处理好和相关司法人员的关系的因素。如果律师缺乏交往艺术，我行我素，四面树敌，动辄与法官针锋相对，当事人就会觉得律师不会处事。

第一节　律师与法官

【相辅相成】

成功的律师一般都社交广泛，有着深厚的社会背景。

与法官交往，要多一些职业上的理解。有的法官不愿和律师交换意见；有的热衷于学术探讨；有的容易针锋相对。如果法官站在对方立场说话，多是为避免一面之词,要扮演对方的角色来进行辩论,其目的是辨明真相,寻求公正。不排除在调解时压一下你方条件。不要为此迁怒法官。当然也有一种法官,会有先入为主的观点,又城府不深,把自己的观点暴露了。这样的法官是淳朴的。律师不仅不能把他当成"假想敌",还要谢他直言。知己知彼,求之不得。还有的法官会受到上级的干预,所说意见不代表本人意愿,不能因此对他有成见。办一个案子,交一个朋友,而不是给自己堵一条路。

首先要搞清楚谁是"敌人",谁是朋友。毛泽东曾经说"这是革命的首要问题"。这也是律师执业的首要问题。法官对否定起诉书中的指控有顾虑时,愿意用律师的观点回敬检察官。如果律师发现其中的实质性问题,法官求之不得。律师与法官不是对立的,而是盟友。这对律师的素质要求比较高,要理性不能偏激。证据上有点瑕疵就轻易断定无罪,法官会反感。"印象分"低了,极易失去"盟军"的支持。

法官需要律师的辩护与建言献策,才能"兼听则明"。律师需要赢得法官的支持。两者审查案件角度不同,目标一致。

【君子之交】

律师和法官打交道时间久了,交朋友是人之常情。关键就是怎样"交",交怎样的朋友。要交真诚的朋友,保持纯洁的友谊。

法官也有雅俗之别。基层法官相对更接地气,而中级人民法院以上级别的法官"学院派"就多一点,可能更儒雅一些。律师应该接近有思想、有品位的法官,建立君子之交,会有一种知音、知己的感觉。

律师作为一个布衣"法曹",想与法官平等交流,需凭借自身较高的综合素质。自身的专业能力和人格魅力,是结交良师益友的前提条件。

再有,无论是在公共场合还是在私人社交场合都要中肯地评价法官。与法官的交往要保持低调,切勿炫耀,避免麻烦。

【进退有度】

从诉讼策略上讲,诉求往往大于"实求"。律师代理的目的是完成当事人的委托事项,最大限度地让自己的当事人满意。实际想开个窗户,就诉求开个门,最后折中成"开窗"了。律师是代理人,权利来源于当事人的授权。要充分尊重当事人的意愿。如果一味地追求理想中的"完美",过犹不及,不符合当事人利益。当然,也不必委曲求全,妥协不是无原则的。

跟法官交谈案情的时候,尽量不要让当事人在场。不然,第一,法官不便表露自己的想法,达不到交流的目的;第二,当事人在场,律师难免有作秀欲;第三,有时当事人直接插话,甚至反驳法官,让气氛尴尬,这样一来,交流的效果就大打折扣。

律师在处理关系时,也不总是"温良恭俭让"。关系有良性的,也有恶性的,是把"双刃剑"。关键在于关系的"正用",不要把关系庸俗化。律师最难的是,排除无形的干扰,甚至用"正能量"来抗"干扰","以子之矛,攻子之盾"。

第二节 律师与当事人

【浩气修身 博雅为人】

律师和当事人的关系是基础性的职业伦理关系。人具有趋利避害的天性。当事人从其本性出发,追求利益最大化。律师则要以法律的理性之网适当过滤当事人的过度贪婪的诉求。

有些当事人不懂法律的边界,挑战律师执业纪律,会给律师带来很大的执业风险。从伦理上讲,受人之托,忠人之事,律师应尽可能维护当事人的合法诉求,争取其利益最大化。从法理上讲,又要把握好法律的底线,拿捏好其与执业规范的度。

律师和当事人的关系如同医患关系。请法律顾问就像日常保健,当事人往往不会付很高的费用,因为他认为可有可无,没有法律消费的紧迫性。而一旦疾病缠身,就极力想摆脱痛苦,为解燃眉之急,代理费用就可能有较大提高。同理,当其身陷囹圄时就会觉得生命与自由高于金钱。

陕西省终南山净业寺药师阁门前的楹联:有药能医龙虎病,无方可治众生疑。这副反映医患关系的妙联,也巧喻了律师与当事人的关系。

毋庸讳言,律师收费的高低与当事人的利益或痛点直接关联。由此便引发律师是不是"趁火打劫"的职业伦理思考。其实不然,金牌律师的功底之深厚、经验之丰富、判断之精准,对于当事人而言,是争取利益最大化的刚需,所以,即使付出高价,当事人心理也是平衡的。这是通过市场机制来运行的。

市场法则是"良币驱逐劣币"。如果"劣币驱逐良

第三章　律师交往观

币",市场机制就出问题了。当充斥在市场上的是无良律师,受损害的不仅是当事人的合法权益,还有司法制度本身应有的神圣尊严,甚至会腐蚀司法人员。所以,优秀律师收费水平的高低在某种程度上显示了行业是否健康发展。

律师是国家司法制度的有机组成部分,属于上层建筑,其职能是维护公平正义的。其社会形象不应是商人,而应是理性"贵族",应当体面执业,不能乞讨案源。律师营销要低调,润物细无声。

虽然当事人是客户,但律师不能为五斗米折腰。无论是从国家给律师的定位看,还是从笔者的经验出发,律师有其职业意识的独立性,有"师道尊严"。不说有铮铮铁骨,也要有冰霜傲骨。这与平易近人、热忱服务并不矛盾。律师的职业属性决定了内在本质,也决定了外在的社会形象。律师给人感觉是公正的代言人。如果蝇营狗苟,投机钻营,玩弄法律,即使专业水平再高,也会沦为"讼棍",异化为法律制裁的对象。

【谁主沉浮】

律师和法官、当事人的关系,是律师执业过程中的基本关系。当事人是律师的服务对象和权利来源;法官则是律师为了实现当事人的利益,完成受托事项所必要的工作的对象。

按照辩证法法则,律师和当事人是矛盾的对立统一体。在这对矛盾中谁是矛盾的主要方面,谁是矛盾的次要方面？有人认为，在授权委托时，是当事人选择律师，当事人占主导地位。实则不然。

影响当事人做决定的是律师。律师的阅历、智慧、能力，以及对案件前景的分析和预测是征服当事人的关键因素。让当事人从朴素的"天理良心"判断进入法律理性的判断，是律师接谈的"基本功"。接谈过程就是思想征服过程。征服了当事人，自然会主导他，他才会作出选择你的决定。

接受委托后，提供法律服务时，律师必须占主导地位。要让当事人按照律师的意志行事，不要让当事人指挥律师。

【各色当事人】

律师与法官的交往要进退有度，和当事人交往亦然。二者不同之处在于，法官是战略意义上的长期业务合作者，较为稳定。而当事人则是不确定的合作者。律师应有专业方向、服务对象的定位，不能"捡到篮子里都是菜"。

有的当事人不信任法律；有的免费咨询，毫无委托诚意；还有的以其他律师的分析意见来"考"你，也会拿着你的意见去"招摇撞骗"。律师需要察言观色，把人看透，还要话到嘴边留半句，这样当事人反倒认为你精明。

有的当事人精明算计，仅以成败论英雄。要警惕自己可能由其代理人变为"敌人"。和这样的当事人合作，有签了"卖身契"的感觉。一旦败诉，寻衅投诉，要求退费。

有"信任型"当事人,把事情交给律师后就什么也不管了。这样的信任激发律师的责任感,就会有一个全盘的考虑和系统的策划方案。也有"疑心型"当事人。还有"瞎指挥型"的当事人,随意指挥律师,打乱其原定工作计划。律师不服从,还会出现矛盾。

有的当事人另雇"捐客"。"捐客"从当事人那里"领了赏",又完不成受托目的时,会把责任推到律师身上。事成了就是他们的功劳,不成就是律师的责任。所以,律师一定要敏感地意识到,当事人背后有没有"捐客"。

根据合同相对性原则,交谈案情时,只对委托人,而且尽量和他单独谈。有些当事人带许多人来听你谈案情,就是让所谓的"明眼人"或"捐客"来给你"打分"。

律师的代理工作往往不是一帆风顺的。这就要求律师在前期"培训"当事人,培养他们的抗挫折意识,把当事人从"民俗思维"逐步引导到法律思维上。否则,就会遇败则反,代理关系处于不稳定状态,使律师难以专心办案。

律师要保持独立性,不能一味地讨好当事人。当事人的诉求要通过律师的专业经验过滤之后,才能决定。有些当事人法律意识淡薄,总认为委托律师不只是代理法律事务,还应满足其提出的一些非分要求,即超出法律或事实以外的要求,干扰律师的代理工作。因此律师在接受委托前后需要给当事人释明,他们该做什么,使他们学会用法律思维来配合律师。

有的当事人要求律师随叫随到。律师不是某个人的私人顾问。曾有当事人因等待时间长,打电话一通埋怨。遇到这种情况应该告诉当事人:你来之前应该提前预约,你找的这个律师很忙。如果律师天天在律所等你,这样的律所就跟没有人来的饭店一样,你也不想来。

要告诉当事人应当有所为,有所不为:你现在需要做的是静下来,不要总是被干扰。一来对你本人不好,二来对案子也没有好处。比如,你知道某人作证了,可能会找某证人质问,甚至要求更改不利的证词。这不是自投罗网吗?所以,律师要用理性来指导当事人。就依法搜集证据方面,可以给当事人布置"作业",让当事人在合法的范围内有所作为,和律师产生良性互动。比如,提供证据线索、物证、书证以及不在犯罪现场、不满刑事责任年龄等证据。

当事人是形形色色的,律师要选择和"过滤"客户。切记律师是理性的、独立的、有着法定身份的代理人,不要混同于普通人,丧失原则性。可见,遇到一个理性当事人是很愉快的,能少很多烦恼,减少不必要的内耗,不用顾虑"后院起火"。

【代理有度】

对那些拿不定主意的当事人应作何处理?这涉及案件每一步的抉择问题,律师作为代理人绝不能越权。律师作为专业人士可以向当事人分析几种可能性,给当事人提供多个方案供他们选择,并告诉他们这是附条件才有可能达到的。这种选择可能直接影响法律后果,而这个后果应该由当事人承担,不是由律师承担,对此律师只有建议权。这些情况都要和当事人说清楚,否则达不到他们预期时,当事人会埋怨律师。

有些案件会涉及其他费用。比如,医疗纠纷案件中涉及专业知识,需要咨询专业人士,涉及咨询费问题。打官司绝不是无本买卖,都是有代价的。要告知当事人其中的风险,即使付出这笔代价,也可能无功而返,让他们来选择做与不做。

为什么律师服务不保证结果?就像病人住院,哪个医院也不敢保证治好。同理,任何一个律师都不会保你打赢官司。所以,律师给当事人提供的是一个服务过程,可以说为其献计献策,排忧解难,代理诉讼,但代理不是代替。律师在提供众多方案时,会告诉当事人选择哪个方案更为有利,但最终决定权还是在当事人手中。

【尊师益己】

律师应得到当事人的尊重。律师之所以有个"师"字,像教师、医师一样,表明是应当受到社会尊重的职业。

律师提供的是智慧和服务,可谓"良心活儿"。可能知难而退,也可能知难而进;可能不会太认真,也可能深入钻研,多次和法官交换意见。总之,律师也是人,其主观能动性也是需要激励和调动的。"士为知己者死。"尊重可以激发律师的职业良心,受益的是当事人。

法律服务的"货真价实"没有具体标准。不要一味地和律师谈"打折",如果律师办案时"打了折",当事人不会知道。代理工作核心是智力劳动,是无形的,是"软实力"。当事人尊重律师,会激励律师更加用心做案子,既出工又出力。所以,千万不要把律师当商品。

燕昭王是个想要有所作为的人,欲使国力强大,就要招募人才。这时有位叫郭隗的说:"帝者与师处(成就帝业的人,他对贤士像对老师一样);王者与友处(称王的人对贤士像对朋友一样);霸者与臣处(称霸的人把贤士当作臣子一样对待);亡国与役处(亡国之君对待贤士就像对待奴才一样)。"重温这段著名的"郭隗答燕昭王"颇有感触——当事人与律师的关系何尝不是这样?正所谓千里马常有,而伯乐不常有。贤者再有本事,要看你怎么对待他。一个人对贤者的态度,就能决定你成多少事。律师亦然。

法官、当事人和律师都有可能成为朋友,但不会都成为朋友。其中志趣相投者,会成为知己。

他们相处中没有铜臭味,没有功利色彩,是知音。但这是不多见的。高山流水,知音难觅。这是一个沙里淘金的过程。律师与一些法官、当事人,往往有相见恨晚、一见如故的感觉。案子结束后也会再联系,即使不联系,也是"不思量,自难忘"。如此交往很轻松、很超然,但往往是可遇而不可求的。

"人能忘机,鸟即不疑;人机一动,鸟即远离。"这是鸥鹭忘机的典故。忘机,"心无纷竞,淡焉光明磊落焉"。

第二篇　唯物篇

不以人的意志为转移的客观实在性是证据稳定性的"硬核",渊源在于物质第一性原理。在司法实践中表现为客观性证据为王的证据认定原则。

1982年春,大学毕业后我被分配到市检察院。同事们觉得我学的哲学专业颇为神秘,经常好奇地问一些相关问题。有一次发问触动了我,让我明白原来唯物论思想不是哲学家们书斋里的玄学空谈,而是存在于司法实践之中。

一起强奸杀人案,办案人一天就作出了批捕决定。这么短的时间何以确认犯罪嫌疑人?最关键的是女尸背上的血痂粘连的报纸残片和犯罪嫌疑人家中木箱内裱糊的报纸缺失面完全吻合,表明女尸在犯罪嫌疑人的箱子里存放过。所以他有重大嫌疑!

他们反问我,这是什么哲学道理?我仔细琢磨后回答:本案两个不同时空发现的物证,即客观性证据完全吻合,即客观性证据互相印证,且与口供印证,主客观相统一,当然基本可以认定了。客观是独立于人的意识之外,不以人的意志为转移的。其哲学原理就是物质第一性,物质决定意识。可见,他们虽然不能将其升华到理论层面,但从实践经验层面看,也是自发的唯物论者。

于笔者而言,这是毕业后第一次从哲学理论到司法实践"惊险的跳跃",体验到了司法实践中的"活"哲学。

司法活动中对证据的采集和客观判断是基本工作内容。坚持物质第一性原理,坚持客观性思维,做自觉的唯物论者,是司法工作者的基本思维方式,也是实事求是思想路线在司法工作中的具体体现。

第四章　律师唯物观

"法律事实"的称谓,是法律人的自我理性批判,充分体现了对客观"彼岸"的敬畏和神往。

主观性和客观性是同一证据的两个方面,主观性证据不排除里面包含有客观性因素,同样,客观性证据当中也不排除有主观性因素。主观证据不是绝对主观,客观证据也不是绝对客观。

第一节　唯物观与客观性思维

司法实践纷繁复杂,归根结底就是一句话:追求真相,实现正义。客观真相何在?这是个让司法人员和律师们共同向往并为之倾注心血的"彼岸"。每个诉讼,各方参与者都似朝着彼岸,千帆共渡,又有谁敢言登陆彼岸?

"虽不能至,然心向往之。"彼岸虽然遥不可及,但总是可以无限地接近。此岸与彼岸的关系,就是主观和客观的辩证关系,这是哲学的基本问题。

为了寻求客观事实,人们努力采集证据,以为自己的证据支持的事实就是事实,就是到达了认识的彼岸。哥伦布到达美洲发现新大陆,他却以为登陆的地方是印度。对于他而言,美洲不是他心目中的彼岸,只能说是他"拟制的"印度彼岸。人类对事物的认识过程同样因各种客观条件的限制而复杂和曲折,努力不一定有收获,登陆的未必是彼岸。人们把办案认定的事实,退而求其次地称为"法律事实"与之有异曲同工之妙。法律事实的称谓,是法律人的自我理性批判,充分表现了对"彼岸"的神往和敬畏。

【"铁证如山"与唯物论】

为什么办案追求"铁证如山"?因为证据的稳定性是定案的基石。只有不以人的意志为转移的客观实在性才是证据稳定的"硬核"。究其根源在于物质第一性。这是哲学的本体论问题。唯物主义哲学认为,世界的本原是物质。物质是不以人的意志为转移的客观实在。物质的基本属性是运动,物质的存在形式是时间和空间。

案卷所承载的内容已成历史。历史是已经发生的客观存在,不是聊斋故事,不是人们主观想象的东西。法律范畴里的"事实",都要有证据支撑。为了研究、评判案件,只有"挖掘"证据,考证历史,还原真相,才能依法评判。这一切都要以研究它的过去为前提。

对已经发生的客观存在,何以作出公正的主观评判?罪刑相适应,所犯的罪行和所受到的刑罚必须相适应。主观结论是基于其已被认定由证据支撑的客观行为的评价,是主客观的统一。这实质上就是哲学上的物质和意识的关系,是思维和存在的同一性问题,是哲学基本问题。

对一件事情依法作出评价时,知道怎么做,这叫"知其一""知其然";明白其背后的道理,才是"知其二""知其所以然"。上升到哲学层面思考,坚持对案件客观证据的"挖掘"方向就是自觉状态。自觉考量已形成的主观认识,是不是有客观依据,就是唯物主义的思想方法论。

考察千年以上的名胜,参天古木往往是遗存的原始物证,而建筑多是历代重修。古木森森虽不言,铁证凿凿重如山!职业习惯,每每探幽访古,听完介绍之后,便仔细考察物证:石刻、古木。麦积山、伏羲庙固然是天水的名胜之地,南郭寺亦别有景致。杜甫诗云:"山头南郭寺,水号北流泉。老树空庭得……"李白诗曰:"老僧三五众,古柏几千年……"这株春秋古柏距今2500多年。李、杜当年曾伫立其下,深情凝望,吟咏入诗……其时,它也有1000多岁了。物是人非,今夕何夕?

物质第一性哲学原理在司法实践中表现为客观性证据为王的证据认定原则。在此,考古学的"零口供"考据精神值得借鉴。

办案当如考古。考古学考证要比法律上认定事实的证据规则更严谨。古人早已作古,考古学是一门没有证言口供类的主观性证据,完全凭借对客观物证的考据而展开的学问。考古学家完全依赖客观性证据,通过严密推敲,形成思维逻辑链条。一万年前上古遗址中发现稻谷,但考古学家不敢断定此时人类已经开始有意识地种植稻谷,因为也存在采集的可能。考古学对证据的分析,不因为发现稻谷的历史遗存就得出人类开始种植的唯一结论,类似于法律的"疑罪从无"。

考古学的严肃科学的认定推理方法也应被借鉴适用到对案件事实的认定,这才是顶级认定方法。将客观性考证推演发挥到极致,格物致知,将唯物论进行到底。

【唯物主义证据观】

侦查人员在侦破案件时,按照物质的原因去寻找线索,查找凶手,而不是主观臆造"天兵天将"把被害人杀害了。法官断案、检方指控、律师辩护也一样,要从证据入手,从实证的角度说话。

所谓证据,就是物质运动所留下的痕迹。以物体形态留下来且被依法采集的是物证。讲述且被依法采集,在人的大脑意识里留下的记忆是口供或证人证言,是客观物质在意识里的反映,是以记忆形态反映的客观内容。从哲学意义上说,属意识范畴。相对于物质而言是第二性的,是从属于物质的。其内容的客观性会因人的记忆或其他主观因素的制约而存在误差。故而一般称之为主观性证据。

调查取证本身就是辩证唯物主义的方法论取向。律师和司法人员的调查取证工作,实质就是在践行辩证唯物主义。

例如某制售假化肥案。检方认定违法所得数额是按照账面上记载的多年来化肥的销售总量来计算的。问题在于,只有针对具体存在的物体(化肥)采样的鉴定意见才可以作为定案依据。根据最高院指导性案例,抽样报检鉴定结果仅对封存的这一批次产品有效力,对已经售出的包括账上记录的都不发生效力。客观实在性的前提是物理存在。账本上记录的那些数目只是一个理论上的数目,虽然它可能是源于某实物的记载,但实物毕竟已经售出、消亡了,物理形态不存在了。所以对售出的化肥不可能再做鉴定了。推理的结论是一种认识而不是实物,认识是观念,是主观范畴的,不具有客观实在性。

这个案子从一审判 15 年到两次发回重审,辩护人提出指控违法所得数额证据不足的辩护意见被法院采纳。法院认定的违法所得的数额缩水,最终判了 3 年。这个成功辩护的思想方法就是唯物主义的证据观。

【"隐蔽性证据"与"自在之物"】

王阳明认为"心外无物"。面对山中的花,王阳明回答学生:"你未看此花时,此花与汝同归于寂;你来看此花时,则此花颜色一时明白起来。"我们知道,不以人的意志为转移的客观实在性,不是由"心"来决定的。不管你有没有意识到"山中花",它都是客观存在的"自在之物",不是意识能决定的。所以"心"学在物质和意识的关系问题上的答案是主观唯心主义。

山中的花是自在之物,看到或者看不到,它都在自生自灭。无论你见,或者不见,它都在那里。就像某一份客观性证据,比如杀人的刀,作为隐蔽性证据,如果没有被司法人员找到,被告人又不讲藏匿地点,能说刀就不存在了吗?没有了客观立场,完全由着主观的意志和感觉来判断事物,是很可怕的。失去了物质性基础,就会游离于客观之外,公说公有理,婆说婆有理。

依据被告人口供找到的隐蔽性证据,证明力优于一般性证据。因为这种物证客观存在于藏匿地,是其他人不知道的,是独立于其他人意识之外的"自在之物"。唯独犯罪嫌疑人知道,且由其供出,他脱不了干系。反之,如果发现犯罪嫌疑人之前,被害者尸体、作案工具和作案现场已经在案,不存在隐蔽性证据,便没有"自在之物"了。犯罪嫌疑人口供的客观性也会打折扣。因为该证据信息已经印在办案人员的头脑中,就有可能通过刑讯逼供手段诱逼其照葫芦画瓢地招供。这就是以侦办人员的意志为转移了。如此口供失去了独立存在的客观价值，其与客观性证据之间的印证当属"主观性"印证。法官核准死刑时，隐蔽性证据的来源与口供采集的先后顺序是其重要关注点。经验之谈里蕴含着深刻的哲学思想。可见，证据的主客观性质是可以转化的。要警惕、防止侦查人员的主观性"污染"了客观证据。

"千锤万凿出深山，烈火焚烧若等闲。粉骨碎身浑不怕，要留清白在人间。"于谦在《石灰吟》里由石灰的烧造联想到追求清白的艰难过程，也反映了事物的客观实在性，对还原"清白"的决定性作用。客观性之本来面目，是"自在之物"，不以人的主观意志为转移。客观存在的石灰石，必然烧出"清白"的结果。

法律人为还当事人清白作出的努力，所依靠的证据一定是客观的。也就是说证据材料反映的必须是客观性内容。否则，仅靠主观意志改变不了客观事实，对于律师而言所做的也是无用功。造假作伪证是很危险的。

【客观性与真实性】

在一场大案的法庭辩论中，辩护人指出某勘验报告标错地理位置，与实际不符，不具有真实性。公诉人答曰："这是1994年形成的原始报告。"检方的回答只说明了报告的原始性，回避了真实性问题，而辩护人应强调的是客观性。应当进一步指出，原始性不等于客观性。报告中如此显而易见的错误，表明勘验人员的不科学、不严谨，以及当年检、法人员的轻信盲从，把关不严。因此,该报告因不具有客观性而不应作为定案依据。

客观性和真实性、原始性不是一回事。真实性是主观对客观事物的正确认识,是主观和客观的统一。主观越接近客观越真实。所以说真实性和客观性不是一个概念。真实性属于认识论范畴,客观性属于本体论范畴。原始性证据只能说明是当年形成的,但不一定是客观的。如果律师阅卷时乃至在法庭上没有厘清概念,无法进行深层逻辑推演,话说不透,交不了锋。没有短兵相接,不能刺刀见红。误将原始性当成了客观性,甚至误读为真实性,会使讨论偏离方向。对此,律师如果没有当场点破反驳,不仅会有隔靴搔痒之感,还会使真相继续蒙尘。可见厘清概念,须有抽象思维能力,需要提高理论素养。

法庭中对证据进行质证应当追求客观性。首先,真实性本身就有主观成分,这个"真"就是认知程度。其次,这个"真"也可以指形式上的真实,但我们追求的不是形式,而是内容,是实体的客观性,也就是绝对性。所以,证据三性中应该强调客观性!审判的目标是追求案件的稳定性、客观性、绝对性。证据的核心价值在其客观性!

法律事实是在法定的程序下,追求客观事实,或曰在追求事实的客观实在性过程中,囿于认识条件而形成的"拟制事实"或曰"山寨版事实",是"法乎其上,得乎其中"的结果,而不是司法追求的目的。千万不要因为程序,忽视实体。不能说追求的目的就是法律事实,更不能把法律事实等同于合法的客观事实。这才是司法实践的"初心"!

第二节 运动观与动态思维

案卷本身是一种人为的相对静止,我们有理由以客观的名义和理性的态度怀疑其真实性。律师的存在价值就在于以动态的视角来批判静态证据中与客观不符的主观性因素,静中思动,以动观静。

【"山寨版"与"还原度"】

运动是绝对的,静止是相对的。绝对的静止不存在。例如,解剖学中把人体某个器官做成标本,用来做研究。这显然是人为设置的静止状态。案卷是以人为采集的证据设立的静止状态,再造了一个模拟案件的时空,可谓"山寨版"事实(个别运动趋向于平衡)。司法活动的任务就是依法审查其"还原度",并以还原过程生成的案件"真相"供我们来分析评价(而整体运动又破坏个别平衡)。可见,办案是绝对运动和相对静止的辩证统一的过程。

客观事物每时每刻都在运动变化着,不会因为等待司法人员去观察和评价而静止下来。侦查活动必须人为地侦查出一个"山寨版"的事实供我们去审查和评判。人们采集证据,难免把功利心或者其他主观的因素混进去。侦查机关采集证据、检察人员审查公诉、律师辩护以及法官的审判都是尽量使证据还原事实原貌,力求达到认识和客观一致。

我们必须清醒地认识到,我们面对的案卷无非是截取的一段历史的"复制品"。领悟了物质的运动观,就打破了对案卷的神秘感。律师的任务就是"打假""揭伪""还原"。这也是律师的职业精神——批判的价值。

动静等观,知易行难。譬如阅卷,真伪之鉴。事实本已逝,证据复再现。但因人为之,当疑山寨版。故而控辩审,当堂说客观。佛教智慧海,律师哲人观。

【以动观静】

"抓拍"优于"摆拍":它是动态的瞬间,记录的是"真的"客观实在;"摆拍"的东西是主观的、静止的,以证据类比,则是假证、伪证。

对证据的认识应是动态的,因为客观事物本是动态的。要在证据中发现客观实在的东西,就必须静中观动,以动观静。之所以对一个事物的描述或评价会有很多说法,就是因为它是动态的,且从不同角度观察,结果都不一样。如果对同一个事物,大家的认识完全一样就违反常识了。运动带来的记忆是有误差的,因为记忆是第二性的东西。司法活动的目的就是要努力在一个个有误差的证言或口供中寻找动态的客观性元素,而不是简单地肯定和否定。

既然面对的案卷是一种人为的相对静止,就像被按了"暂停键"一样。这种状态是对动态的一种追忆,一种定格,所以,必须考虑其与动态的误差,或曰"失真度",这也是理性批判的目标和任务。

"春去花还在,人来鸟不惊"描述的是画中景色,静态假象。四季运动不止,花鸟却被"静"在纸上。也就是说,是人的主观能动性用艺术手法,将其变成了静态的存在。

案卷如斯。静态的证据材料是经过司法人员采集而来的。就像画家画的花鸟,已经不是描绘的纯粹的客观物质,而是倾注了画家创作时的情感及意图的艺术品。

换言之,案卷看似描绘的是客观事物,但已经有侦办人员的主观色彩。

阅卷则是以动观静,是一个动态的认识过程。就是用运动的观点来审视静态的材料,用反面的观点来指出静态的不实,用客观性来剔除静态材料的主观因素。

【还原性评价】

除了要对证据材料进行还原性审查,还要进行动态评价。对过往的事实要历史地评价。以当时历史条件背景,作出符合实际情况的评判,才是客观评价。

秦始皇兵马俑在美国展览时被故意损坏的案例,反映了中西文化的差别。该行为在中国一定是有罪的,可在美国,陪审团却认为无罪。就是说,兵马俑离开了其被高度重视的社会环境,到了大洋彼岸,没那么受重视了。显然,美国法庭陪审团没有还原到该文物所在的中国的社会条件下来看待这个案件,这是一种孤立静止状态形成下的认识,割裂了兵马俑在中国被奉为国宝的社会条件,就出现了让中国人意外的截然不同的判断。

对一个案件的评价是社会文明进步的风向标。要放到社会运动发展的背景当中评价一个案件。这是要用司法理念来办案的深刻的哲学原因。如果只考虑用法条办案,就是把动态的看成静止的,把鲜活的看成僵死的,把联系的看成孤立的,是法条主义、教条主义,是形而上学。

【司法是认识运动】

运动发展的事物,在一定的条件下可以被我们认知和评价。虽然认知的东西已经成为历史,仍可以通过辩证的认知运动与运动着的某个客观事物尽可能达到一致。

"以审判为中心"的司法实践活动,是物质性运动。审判的过程是运动的,不是静止的,包括对案件证据的分析和评判。老子曰:"反者道之动。"打破基于侦查形成的案卷和起诉意见书所形成的平衡,使对案件的认识运动起来,这才是司法实践的本质意义所在。这是认识规律决定的。认识本身是一个有规律的运动过程。认识运动也就是思维运动,和物理运动、化学运动等一样也是物质的一种运动方式。

司法实践从本质上讲属于司法认识运动。"以侦查为中心"的错误做法,实质上就是司法"静止"主义,是违背辩证法的,是错案的认识论根源。疑罪指司法认识尚在运动状态,还没有形成认识结论,何以判罪?"疑罪从无"的原则,就是一种动态的认识,是符合辩证法的;相反,"疑罪从有"是形而上学的。

通过控、辩、审各方的"正、反、合"认识过程而形成判断,就是"以审判为中心"的认识运动过程,是司法实践的基本形式,是我国宪法确立的司法制度之本意。辩论这种对立统一的认识方式引发认识的质变,是司法认识运动的"硬核"。所以律师的辩论技艺非常重要。法庭辩论是催生案件认知质变的运动过程中的"关节点"和"临界线"。

【以动求和】

诉讼方案是在对抗过程中实现的,非诉方案是在非对抗过程中实现的。这是两种不同类型的实践。诉讼是思想的碰撞、理性的对话,最终谋求共识。也就是说,律师拿出来的只是一方的方案,半边席位争乾坤,完整的方案是辩方与控方的处理方案之和,是由法院来决定取舍的。所以律师一定要随时调整,以达到最终目的,使法官在总的处理方案中采纳己方的意见。非诉方案没有对抗性,是相对静止的;而诉讼是两种观点的整合,是运动的。

所以,诉讼对律师的动态思维能力要求更高。律师既要有原则,又要灵活,根据变化的情况,见机行事,千万不要墨守成规,刻舟求剑。

第三节 时空观与具体思维

一切存在的基本形式是空间和时间,时间以外的存在和空间以外的存在,同样是非常荒诞的事情。①

——恩格斯

---

① 〔德〕恩格斯:《反杜林论》,载《马克思恩格斯选集》(第三卷),人民出版社1972年版,第91页。

哲学语境下的抽象的时间是持续性、顺序性和一维性的,是无形的,无条件的,永恒的。而具体的时间如一年四季,周而复始,是有形的,有条件的,暂时的。人类生活在地球上,时间是以地球自转与公转的关系为基准的。故而以四季轮回为一年。元旦、春节只是时间的节点。冬天到了,春天可期。春天万物复苏,春去秋来,春种秋收,春华秋实,百万年来,大自然在"时间"上的"诚信"潜移默化地教化人类:诚信可以带来利益,诚信保障生存。人们"春种一粒粟",辛勤劳作,"锄禾日当午,汗滴禾下土",就是因为坚信大自然的"时间"是守时诚信的,秋天必然到来,届时就会"秋收万颗子"。道法自然!于是乎,"诚信"成为全世界民法典共同遵奉的基本原则!这是全球人们都"过年"的哲学解读;是自然法则转化社会法则的经典范本;也是哲学物质观中抽象的时间在地球上的具体体现。

【时光逆行者】

空间和时间是物质的存在形式。空间具有三维的广延性,时间具有一维的持续性和顺序性。律师是时光隧道的思维逆行者,要具有横向和纵向的思维意识。

要从案卷中读出材料的过去,深究其背后的生成过程。一份鉴定书是怎么形成的?一份笔录是怎么形成的?没有纵向的思维,仅从表面上浏览案卷材料,满足于表面信息,就找不到着力点,发现不了问题而无从下手。证言笔录怎么采集形成的?它的采集过程是否合法?证言笔录、现场勘查笔录、尸检报告等的采集,都有法定程序。一份证据的历史,就是它的采集史、生成史。追溯其成因的合法性、客观性、关联性,就是纵向思维。

证据材料形成的历史往往成为律师揭露批判的对象,因为取证过程违法是证据违法的"重灾区"。先从证据材料上找疑点,然后追根溯源,倒查它的形成历史,就是着眼于证据的"时间纵轴"。可见,哲学的物质时空观,是审查证据的方向和目标的思想航标,是律师穿行证据时光隧道的哲学根据。

如某组织卖淫案,犯罪嫌疑人租用一层楼,组织卖淫三年,侦查人员只找到七八个卖淫女。常理分析是不可能的。卖淫行业流动性大,一般都是干几个月就走。经过推理、评估,发现卖淫女数量超过十个,符合情节严重的要件。但认定事实时须查实每一个确定的行为人的身份信息。因为犯罪行为人必须是具体存在的,不能是抽象存在。

再如,某医药代表行贿案,虽然犯罪嫌疑人与院方负责进药人员约定按实际进药数量5%的比例提成,但这只是侦查线索,是受贿可能性,而不是现实性。必须查实每一次行贿的时间、地点、数额等具体情节,方可作为定案依据。因为时空是物质的存在形式。犯罪行为是物质性活动,必须有证据证实其具体的时空存在,而不可依据数学推算受贿数额。否则就是唯心主义的证据观。

在办理受贿案取证时,要问犯罪嫌疑人"你是怎么收钱的?""收了多少?""多少钱一张的?十块一张还是一百块一张的?""怎么送去的?用报纸包的还是塑料袋包的?"只有抓住这些细节,才能使证据之间高度吻合。高度吻合是指每一个时空细节的吻合。任何物质必须以时间和空间形式存在。只有神鬼是没有具体时空而虚幻存在的,它们只存在于人们的臆想中。

唐代长沙窑诗文执壶,现陈列于长沙铜官窑博物馆。

君来案已发,发时君不在。案恨君来迟,君恨案发早。

这首诗是根据唐诗"君生我未生,我生君已老。君恨我生迟,我恨君生早"的意境改写的。该诗艺术地表现了辩证唯物主义时空观。经典的爱情必然蕴含着哲理的光辉。哲理的艺术表现自然打动人心,而且这种动人心魄的感觉是醍醐灌顶的。似写人生之时间差,实乃讲了物质和意识的关系。生命作为物质,其存在形式是时间和空间。爱情属意识范畴,是超越时空的,可以因记忆而永恒。该诗之所以把超时空的爱情表达得淋漓尽致,无以复加,是因为它揭示了这一深刻的辩证哲理。

第四章 律师唯物观

生命和爱情、肉体和灵魂的时间差有一种迟到的遗憾。但庆幸在有生之年得以相爱,生有涯而情无计。司法者面对每一个案件,无一不是迟到者,都是案发以后才开始追寻真相,逆时空调查取证,实际上是追溯时间差,还原当时的客观事实。办案侦办人员面对流逝的时空,难以搜集的证据,其相见恨晚的无奈和遗憾之情与该诗的意境异曲同工。

【一刻千金】

"春宵一刻值千金",一语道破了时间与空间密不可分的关系。时间的珍贵不仅因为时间具有一维性,不可逆转,稍纵即逝,而且还因为它所处的时空不同而异常珍贵。

办案亦如此,诉讼阶段不同,工作节奏也不同,往往关键的就几步。关键时机,要格外重视。开庭的效果直接反映律师的执业水平,决定办案质量,同时也是当事人对律师服务水平的现场检阅。这是律师履职的集中表现时刻。

时间和空间是物质存在的基本形式。物质凝聚着时间,体现为空间。商品的价值,在于其凝聚的社会必要劳动时间。律师服务的价值也是如此,如辩护词是律师服务的终极产品,是办案全程劳动形成的知识成果,它的酝酿制作凝结着劳动时间。

律师要尊重法官、检察官、法警、旁听人员的时间,对自己思想的表达要有时间概念。训练语言的时空感。庭审是个特殊的时空。法庭上如果律师发言不精练,耗时过长，无形之中耗费的是纳税人的时间。在法庭这个特殊的仪式上的发言时间，律师不可以漫无边际地自由决定。在公认的社会必要时间内完成辩护任务，这是对法官约束出庭人员发言时间的深层思考，也是诉讼成本题中应有之义。一切节约，归根到底都是时间的节约。鲁迅在《门外文谈》里曾说过，时间就是性命，无端地空耗别人的时间，其实是无异于谋财害命的。

第四节 证据的相对观

相对和绝对是一对非常重要的哲学范畴。相对性就是有条件性，绝对性就是无条件性。相对是有条件的、暂时的、有限的；绝对是无条件的、永恒的、无限的。任何具体的存在都是相对的，证据亦然，所以，怀疑和理性的批判精神是绝对的。

证据是感性的认识材料，对其的分析是理性的认识。而认识既是相对的又是绝对的，是相对与绝对的统一。

对证据要持相对观。质疑证据，因为证据的存在本身都是有条件的，角度不同、阶段不同、条件不同、来源不同等都会作出不同的解释。这是证据的绝对性和相对性的辩证关系。

对证据中的某些绝对成分也应该持怀疑的态度。证据是重要的法学范畴，因程序而生，为实体所用。程序合法是一个重要的法律条件。这是法律范畴的特殊性，也是法律之所以成为法律的绝对性。程序如果违法，即使其实体上符合哲学意义上的客观实在性，也照样可以动摇证据的绝对性,甚至是案件的定性。辛普森案就是一个典型的例子。

【物是绝对的　物证是相对的】

"物"本身是客观实在的、绝对的。但律师在案件代理中,面对的不是"物"本身,而是"物证"。物证是采集过来的,采集的过程就掺杂进人为的因素了。无采集则无证据。凡是证据,都是采集来的,都含有主观因素。换言之,都是附主观条件的。这就包含相对性了。

刑事案件中脚印、指纹等都是采集来的,是物证,对案件事实的证明往往是决定性的。采集过程有证据证明吗?侦查案卷中往往缺乏这些证据!采集过程断断续续,形不成证据链,会导致物证失去客观性、绝对性的证明,从而失去证据价值——证明力。

【相对中把握绝对】

相对和绝对是事物的双重属性,是一个事物的两个方面,就像矛盾的斗争性和统一性一样。相对性和绝对性互相依存,相辅相成,是一个矛盾统一体。

口供、证言等一般统称为主观证据。主观证据的特点:相对性突出,绝对性薄弱;主观性强,客观性差。客观性在证据中是绝对性因素。我们追求证据的稳定性,条件易变,附条件越少的东西越不易变,也就越稳定。办案追求的是最稳定的东西。最稳定的因素是什么?是客观性,是无条件性。

不注重研究客观证据,是舍本求末。在法庭上颠覆性的辩护往往揭露出客观证据的主观原形。客观证据的动摇是颠覆性的,公诉人的信心也就没有了。客观证据也有相对性。主观性和客观性是同一事物的两个方面,主观证据也不排除里面有客观性的东西,同样,客观证据当中也不排除有主观性的东西。证据中口供、证言往往被看作主观证据;客观证据指物证、书证、勘验报告、鉴定意见等。客观证据只是一个分类,是说某些证据所含的客观性因素多一些,而不是一贴标签,它就是客观证据了,要特别分清这一点。

【相对性思维】

相对性思维,要求树立正确的相对观和绝对观。同一事物当中具备相对和绝对两个属性,这是相对性思维的实践意义。对主观证据要怀疑,同样,对客观证据也要怀疑,因为主观证据不是绝对主观,客观证据也不是绝对客观。

主观证据里面有客观的因素,这种客观因素一旦和某些书证、物证、鉴定意见或作案时留下的痕迹相印证,表述和上述证据相符合,主观证据的客观性就会大大增强。(比如,凶器的藏匿地点,和犯罪嫌疑人的表述一致,别人不可能掌握,那么犯罪嫌疑人的供述——这个所谓的主观证据,就具备客观性了。)所以,没有绝对的主观,也没有绝对的客观。

【必要证据链】

证据链分简约版、豪华版,这样说比较形象一点。豪华版可谓应有尽有,环环相扣,翔实周密。那么,简约到什么程度就能用呢?简约到必要——主观证据要有客观证据相印证。比如说,指认笔录要有勘验笔录相印证,口供要有书证、物证、鉴定意见或办案时候留下的痕迹相印证。

现场指认笔录应该是客观性较强的证据,但是如果没有现场的勘查报告与之相印证,现场没有发现痕迹、布条、毛发等,它则如同口供一般成为主观证据。它本来应该是绝对的东西,恰恰成了相对的了。

某强奸杀人案中,很重要的客观证据尸检报告出现了"未见骨折"四个字。尸检报告应该是客观性非常强的证据。但是一个"见"字露出其主观的"马脚"。未"见"骨折不等于未骨折。"见"是主观的,是感官的直观感受。再看尸检的手段,有 X 光吗?没有。解剖了吗?也没有。那么到底骨折没有?这个形成于 1994 年的尸检报告虽然具有原始性,但它在此暴露了主观性臆断。而主观性的东西是相对的,是不准确、不稳定的。

可见,某些所谓的客观证据,本应有很多绝对因素,反而因主观因素的介入充满了相对性,是易变的。

大量的案件是靠间接证据来证明的,而证据链越长,证明的环节越多,附的条件也就越多,其中主观因素参与度越高,相对性也就越强。这一切会给律师带来了很大的辩护空间。把相对性思维引入辩护技能的目的是追求案件事实的绝对性、客观实在性。这是理性批判的应有之义。绝对性是认识的目标,相对性是认识的具体过程。所以说,绝对真理是相对真理之和。

第五节 "客"敌制胜

二十多年前,在一起轰动冀南某市的杀妻抛尸案中,笔者充分运用客观性思维分析证据,获得了辩护的成功。这是一起被告人自供杀妻,且始终未翻供的故意杀人案。被告人因证据客观性不足,被判处死缓。

起诉书指控:被告人王某,于1992年11月25日晚10时许,因怀疑其妻刘某与他人有不正当两性关系,与刘某发生口角,继而厮打,王某趁刘某不备,朝刘某左太阳穴猛击一拳,后用双手掐刘某的颈部,致刘某窒息死亡,并于27日凌晨将刘某尸体抛至河内。经法医鉴定,刘某系被他人卡压颈部窒息死亡。

卷中证据表明:被告人王某供认是用拳头击打其妻子头部,致其妻死亡;王某的妹妹证实其兄曾对她说过:"我将你嫂子打死了。"当时她以为是戏言,没有相信此事;王某的工友刘某、赵某及王某的岳父均证实王某在案发后第二天到处寻找其妻。以上供词和证词不能互相印证,不能作为定案依据。但这毕竟是一起恶性命案,社会影响极坏。为此,决定从客观性证据入手,重新评判本案所有证据的定案价值。

针对起诉书指控王某犯有故意杀人罪所依据的五种

基本证据,进行分类,逐一评析。

(1)刑事科学技术鉴定书。鉴定结论中没有对指纹、血型的同一认定,仅认为被害人"系被他人卡压颈部窒息死亡"。因此,它只能证实死因而不能证实凶手(即何人所为)。同时,该结论在死因上与被告人王某的口供和证人王某的妹妹的证言不能相互印证,因该口供和证言均称是拳击被害人头部致死。

(2)辨认笔录。被告人对抛尸现场的指认不足为证。因为,第一,被告人曾到现场认尸,已知浮尸地点;第二,在抛尸现场未查到与被告人或被害人有关的任何物证(如毛发、纽扣等遗留物)和痕迹(如入水划痕、脚印等)与被告人的指认相印证。

(3)证人证言。第一,证人王某的妹妹所作的证言系传来证据。她的证言来源是听被告人所说。王某讲的内容是否真实,靠王某的妹妹的证言是无法判断的。相反,王某的妹妹的证言,证实不是掐死(这虽与被告人的口供一致,却又与鉴定结论的死因相矛盾)。第二,卷内其他证人刘某、赵某及被告人王某的岳父等人均证实被告人王某在案发后第二天寻找其妻,如仅凭口供定案,一旦翻供,恰有这些对被告人有利的证言与之佐证。

(4)现场勘验报告。第一,被告人王某在案发后洗床单、枕巾,只能证明王某有作案的可能性,不能证明必然性,也就是说,据此不能得出唯一结论;第二,现场勘查提取的唯一带有血迹的可疑物——枕巾,因血迹残存量太小,未能作出与死者血型同一的鉴定。依据该报告无法认定被告人卧室系作案现场。

(5)被告人口供。被告人脸部虽被抓伤(这是当时破案的主要突破口),但是,谁抓的?为何抓的?全凭被告人的口供认定,别无他证。但是,口供能不能采信,并不在于这是供述还是辩解,更不在于他所供述次数的多少,而是取决于它的内容是否与其他证据相印证。本案除王某的供述外,没有任何能够独立于被告人口供之外的而又与之相印证的客观性证据。

显然本案证据客观性不足,难以作为死刑案件的定案依据。为此,建议法庭在对王某处以刑罚时留有余地。

法院采纳了辩护意见。判决书认定:被告人王某的行为已构成故意杀人罪。情节、后果都特别严重。但考虑辩护人的辩护意见和本案因果关系等实际情况,判处死刑,缓期两年执行,剥夺政治权利终身。王某服判。检察机关未提出抗诉。

本案是坚持客观性思维辩护的一次成功实践。

第五章　阅卷里的唯物论

客观性是辩护观点的根基。律师要以"君临天下""内圣外王"的主体意识和批判精神解读出案卷的"新意",绝不能被案卷的情节所"套路"。

如果说证据是辩护之根,那阅卷就是辩护之脉。这就是阅卷的功能,最后形成的观点和结论才是辩护之宗。辩护词是辩护之树,枝繁叶茂;辩护观点是辩护之果,是法庭需要采纳的。由此可见,在辩护之路上,阅卷何其重要。

有一起制造、销售爆炸物的案件。一家"养殖场"表面养猪,实则地下开矿。因违法使用爆炸物,致36人井下丧生。央视报道后,引起社会舆论高度关注。我们为之辩护的被告人是制造、销售爆炸物的主犯。案发时,其爆炸物加工生产场所早已不复存在。

本案的证据链是如何证明"养殖场"使用的炸药是我们的当事人所经营生产的?案卷中是否有鉴定表明从其工厂机器设备上提取生产过程中的炸药残留物与爆炸现场残留的炸药物质具有同一性。也就是说,两个不同时空所存在的炸药是否经过同一性鉴定。这些案卷里都没有,也不可能再有了,因为,机器早已被卖到废品站,经风吹雨淋,已无法提取残留物了。

此案一旦认定二者之间有同一性,则可认定其所制售的炸药与特别严重的后果之间的因果关系。被告人将面临死刑。如果未经依法鉴定,没有客观性证据支撑,是难以认定的。

我们的辩护意见直击了控方的证据软肋,受到了法庭的高度重视。控方容易忽视或有难言之隐的问题,辩方通过逆向思维,挖掘出来,当庭亮剑,控方也会深以为然,甚至由衷佩服。即使法庭上不便附和,庭下的握手,意味深长,尽在不言中。

阅卷如逆水行舟,要有求异性思维,不能忘了自己作为理性反方存在的辩护立场和观点角度。

阅卷,开启辩护之门。映入眼帘的往往是与"卷面"呈现的不一样的风景,这个"风景"是"用心"去观赏和体会的,是批判性思维得来的理性之美!

第一节　立场与思维

案卷不是经过理性推敲琢磨的学术著作,更像是定向"采风"之后叙述的一个故事。所以阅卷时绝不能像看小说一样,以阅读欣赏文学作品的心态进行。那种心态是以"信"为导向,相信里面叙述的故事,也相信作者的认知能力。而阅卷需要带着批判怀疑的心态来审视。侦查机关从立案开始就确立了侦破方向。侦查活动是定向的、有功利心驱动的。对侦查人员、证人的心态和推理逻辑架构都要提出疑问。特别是案卷"故事"中每一个情节都要找到各种证据来支撑。阅卷的关键就在于"反客为主"。辩护律师手中的案卷，虽来自侦查机关，但如今案卷在律师手中。

要用独立的思维来批判，独到的视角来审视，独有的见识来解读这本历经侦查、起诉机关的案卷。严密的逻辑会发现其证据背后缺乏相关证据的支撑；缜密的分析会发现其证据字面的表述经不住推敲；周密的思考会发现其证据的破绽，或许反而成为有利于辩方的"乌龙"证据。阅卷，考量着律师的综合功力。阅卷的过程是逻辑推理的过程，是无罪推定的过程，是辩证否定的过程。

顺水行舟，浮光掠影。而律师阅卷是逆向思维，如逆水行舟，需细细品味、琢磨推敲，不能快速地翻过去。阅卷不仅要解决态度问题，还要解决立场、角度问题。既要理性全面地看，又要有预设的立场。不解决立场问题，就没有选定的角度，就发现不了卷内的问题。要清醒地意识到这是对立一方搞的东西，是来否定自己的当事人的材料，律师的任务是"我反对"！就像辩论赛中的抽签，刑辩律师总是抽到"反方"。知其不可为而为之。立场扭转过来后，才能换个角度来看问题。

阅卷如攀岩。攀岩要找支撑点、着力点，手抓和脚蹬的地方一定是实实在在的，一旦踏空，一失足成千古恨。在案卷中，这个实实在在的"抓点"和"踏点"都应是客观性证据。所以，阅卷时要把心思、主要精力聚焦在客观性证据方面。

阅卷是律师的基本功。客观性是辩护观点的根基。要注意发现客观性证据，从而寻找与客观性证据相印证的主观言词性证据。这就是在组织观点、形成辩护意见过程中的寻"根"。

阅卷首先要了解事情的梗概,要从中建立自己的逻辑推理和判断。其次,知其然知其所以然,要带着"放大镜"和"显微镜",深究证据的瑕疵,认真分析批判,要知其"所以然"。最后,关注证据种类、证明的内容,以及与其他证据的印证,尤其是言词证据和客观证据的印证。

印证过程是层层逻辑推演,印证结论往往颠覆控方的认定。比如,从主观证据看双方所述的是行贿、受贿,书证却反映的是被告人代"行贿人"与第三方签的施工合同。这恰恰反映了受贿人和行贿人是合伙经营。行贿、受贿的本质是权钱交易,哪有受贿人替行贿人当代理人签合同的?客观性证据与双方主观陈述不能印证,与起诉书指控的罪名相悖,不应认定为受贿罪。

阅卷的认识轨迹是按照否定之否定规律呈现为波浪式前进、螺旋式上升。从看起诉书(肯定),然后看证据(否定),到最后形成完整的辩方的否定性认识(否定之否定)。这个过程像爬山。阅卷一般是先通过起诉书了解案情概况,如同远远地看到这座山,看到山的轮廓,这是肯定;翻开案卷,仿佛进入山的腹地,虽然山的轮廓看不到了,但见沟壑峭壁,如同对各份证据逐一批判,予以否定。掩卷沉思,如凌绝顶,"一览众山小"。一路走来对这个山的一草一木、一水一石了然于胸,此时有了完整的认识,是对前面否定的否定,又是更高层次的认识了。这是认识事物一般规律——否定之否定。

第二节 阅卷"十六字"法

修复一件文物已属妙手回春,而以修复文物的技艺修复一座城市简直就是妙手回天了!在德国德累斯顿,面对在第二次世界大战废墟上重建的城市,顿悟工匠精神:细心、精心、耐心、信心和决心,皆源于对技艺的专心和对产品的爱心。列位看官,你能看出修复的痕迹吗?这个凤凰涅槃、浴火重生的城市,向世人宣告它的城市精神就是工匠精神。难怪这里是徕卡相机等品牌的诞生之地。心无旁骛地把技术升华为艺术,这就是品牌之路吧!来到斯地,顿生敬畏之心!

重视对案卷材料的"深加工",轻视对证人的当庭质证,是中国审判特色。律师的思想批判武器很重要,"工欲善其事,必先利其器"。思想武器的运用也是有方法的。大致可归纳为"去粗取精、去伪存真、由此及彼、由表及里"十六个字。

【去粗取精】

去粗取精,是在了解案件基本事实后,运用重点和全面思维,在阅卷过程中对相关证据材料进行分析、整理的过程。包括梳理时间脉络、制作证据目录、筛选证据内容、发现案件疑点等,是一个感性的整理材料阶段。

聚焦核心证据。核心证据是认定主要犯罪事实的基本依据。对核心证据的分析批判是辩护的主要内容。对证据材料要抽丝剥茧地分析,且对其进行抽象评价,如客观性、真实性、原始性、合法性等,按照逻辑的推演丝丝入扣、步步推进。

制作阅卷笔录。阅卷笔录是辩护之基础。辩护要遵循实证原则,每一个观点都应有证据或法理支撑,由此得出的辩护意见才扎实、厚重、具有说服力。

在阅卷笔录的基础上,形成证据目录。证据目录里不仅有证据的来源、证明目的,还要对证据的合法性、客观性和关联性进行评判。同时对己方证据也要分析、评价。

经过批判过滤、组织和升华出来的证据才有价值。把感性材料简单地堆积,不会产生认识过程的理性飞跃。它要有一个消化的过程。像我们吃到肚子里的食物,是要经过消化的,然后到血液里成为养分。未经消化的馒头是不会成为养分被吸收的,换言之,是不会实现其应有价值的。

【去伪存真】

去伪存真,是按照事物发展逻辑,运用客观性和批判性思维,对证据的真伪进行鉴别。这是一个艰难而复杂的取舍过程,也是从量变到质变,从肯定到否定,从感性到理性飞跃的过程。

对主观性言词证据寻找印证环节上的缺口及不能自圆其说之处,发现证据产生过程中的违法悖理问题,从而矫正或颠覆对指控事实的认知。

在司法实践中,侦查机关对相关书证、物证进行的鉴定,在程序以及鉴定依据等方面存在问题。这是长期以来以侦查为中心,忽视(甚至纵容)侦查工作中的程序违法问题以及鉴定机构管理混乱和鉴定人员良莠不齐导致的严重后果。而程序的违法往往严重影响鉴定意见的科学性。可以说,鉴定意见的程序和实体违法是"错案流水线"的一个"重灾区"。因此,鉴定意见往往是击破所谓客观性证据,颠覆对案件既有认知的突破口。所以,应是辩护人阅卷之"聚焦"处。从下列鉴定意见所犯的低级错误可见一斑。

某案中鉴定中心出具的《法医学人体损伤程度鉴定书》,对伤者程某的鉴定意见是"头皮血肿符合轻微伤",适用依据是"人体损伤程度鉴定标准5.1.5b"。其实,5.1.5b是指头皮下血肿。而"头皮血肿"与"头皮下血肿"有本质区别。"头皮血肿"不构成轻微伤;而"头皮下血肿"为钝性外力作用于头部致皮下层血管破裂出血引起,构成轻微伤。显然这是偷换概念。

律师案头的一页页卷宗就像古玩市场上琳琅满目的赝品。阅卷就是去伪存真的过程。真品难得！真相难求！何其相似！最为郁闷甚至痛苦的是，你发现了真相的线索，却难以取证，无力证实真相，眼看着假象被认定……那种欲辩不能，欲罢不忍的纠结，怎一个苦字了得！

【由此及彼】

由此及彼，是由孤立的证据到系统地印证；由已有的案卷材料到缺失的案卷材料；由案件事实到定罪量刑；由个案到同类判例；是一个全面思维过程。任何事物都不是孤立存在的。这是辩证法联系和发展的基本原则。这种全面思维的过程是由感性到理性的升华阶段。

对卷内证据的疑点，由点到面，扩展证据视野和线索，从而排除疑点，还原真相。

一受贿案中被告人承认收钱，但也很快退掉。问题在于——是案发后畏罪退赃？还是及时拒贿？当时的情况是，他收钱后去了北京，回来后，与人聚餐，饭后，即将钱交给司机，让其第二天退回。次日，即被拘留。检察院称，他供述，晚上聚餐听说行贿人被抓，才畏罪退赃。一起聚餐的八人，只有被告本人的供述，没有其他七人的证言印证。辩护人对七人取证，均否认谈及行贿人被抓一事。显然，检察院没有把证据封死，以孤证定案。而辩护人由此及彼地将相关证人的否定性证据向法庭举证。孤证不能定案,因此,被告人被宣告无罪。

【由表及里】

由表及里,是运用抽象性思维,透过现象看本质,发现事物运动的内在规律和本质特征,形成对案件理性的结论性认识。实现从量变到质变、从感性到理性、从认识到实践、从主观到客观、从现象到本质的统一。

从感性到理性的升华,需要一定的思维方法去整理、分析和消化。这种理性消化过程,对律师而言,主要是批判性思维。基于自己收集和采集的材料,同样也要过滤。

不要忽视客观证据中出现的浅表性错误。不要停留在就事论事的层面,应指出浅表性错误的性质,及其给客观性证据造成的主观污染。例如,河北聂树斌强奸案,公诉机关提供的现场勘验报告中对案发地理方位标注错误,公诉人辩解为笔误。通常人们会认为这是笔误,不会影响整个勘验报告的客观性。但如果辩护人由表及里地深入分析,就有了反击的机会:现场勘验报告应是严谨客观的,如出现明显的错误,足以证明制作勘验报告的过程是不严谨的,地理方位标错了,今天还可以发现,那么,其他内容是否有误,时过境迁,物是人非,如何排除?本应客观的东西已然不客观了,该份证据整体客观性遭质疑,则不能作为定案依据。如何保证其他内容真实客观?换言之,该报告一旦被质疑,则本身需要其他证据来证明其客观性,失去了客观性证据的独立证明的特有价值。所以,对浅表性错误分析可以见微知著。

第三节　阅卷"八项注意"

【讼堂不欺熟客】

"书读百遍,其义自见",阅卷也要多看几遍。细细地观察蛛丝马迹,边边角角的地方有时往往会有石破天惊的发现。比如虚假出资的案件,从公司投资的票据来看,一般是不会看出问题的。可是把票号和日期比对地看,006号票的日期开在了008号之后,这就是破绽。再如鉴定,发现检材的取样时间和鉴定时间有矛盾——鉴定时间在先,取样在后,这就无法自圆其说。

根据证据性质不同,要区别对待。比如鉴定结论要多看几遍。因为其专业性较强,容易遗漏问题,更需要查阅相关资料,反复研读。检方办案是程序化的,律师是市场化的,从驱动力上讲,检方可能没有律师下的功夫多。所以,鉴定结论往往会成为案件的突破口。

【手眼并用】

阅卷不仅过眼,还要过手,做阅卷笔录,手眼并用。"纸上得来终觉浅,绝知此事要躬行。""写"是训练思维的过程。不宜照抄,要精练总结、抽象概括。如果说证据是一堆感性材料,"写下来"就是理性指导下的加工过程,是思维过程的记录,是办案思路的纲要。

律师大都是交叉滚动办案,时间久了,难免遗忘。庭前再阅卷,就是重复劳动。如有阅卷笔录,重温一下,事半功倍。如果仅仅拿着案卷开庭,不做笔录,折页一张张翻,各种记号一堆,庭上手忙脚乱,自然不能从容应对,庭上观感也不佳。

【快速阅卷法】

律师应全面阅卷,不留死角。但受时间限制,也要学会快速阅卷的技巧。快速阅卷的技巧可概括为"三点两线"。焦点,双方争议的焦点;疑点,往往是行为逻辑或表述的自相矛盾,令人怀疑;缺点,按照逻辑推演,本应交代清楚的时候,却戛然而止,成了不了了之的"断头话"。应重点关注焦点、疑点、缺点。把握以上三点后往下展开,可分为两条线路。一条线是案情事实展开的逻辑线;另一条线是司法程序的流水线。掌握"三点两线"的阅卷技巧,就能迅速地抓住实质性问题。

【以子之矛】

看卷像"淘宝",希望挖掘出有价值的"宝贝"。律师取证难,且没有强制力,可调取的证据屈指可数。主要辩护观点往往需要从侦查的案卷中"淘宝",从中发现对被告人有利的证据。这些证据的来源往往具有"先天"的合法性,在佐证辩护观点时特别有力。因为如果是律师取的证,检法两院往往质疑。以子之矛,攻子之盾!事物总是有两面性的,往往是不利因素和有利因素共存于一份证据之中。这正是求异性思维的用武之地。

对方出具的书证,是客观性证据,与它所要说明的问题的关联性,就仁者见仁、智者见智了。例如,某人被控索贿 50 万元,把其利益关联公司与"行贿人"签订的供货合同作为"索贿"证据:他采用供货合同的方式,让对方打款。但辩方认为恰恰相反——供货合同不能证明当事人受贿,而是其无罪证据。因为合同载明这是预付款,不是说打过来就完了,还要供货的,是合同之债。如果不供货,对方可以通过民事诉讼要回这笔钱。即使他主观上有索贿的故意,客观上也是不可能的。法庭辩论时,检察院认为这种货物现在是需方市场不是供方市场,预付款不符合目前市场行情,属索贿。辩方认为:不排除对方以这种方式来讨好被告人。但毕竟 50 万元不是白给的,不能把"讨好"定为行贿,要说行贿也是"精神行贿",为博得好感。也就是说 50 万元只是合同之债,而对方当事人可主张债权。怎能认定为贿赂呢?!(如果想要索贿的话,可以是另一个设计——通过合同,把这 50 万元约定成定金。然后付款方违约,定金就不用还了。只是事实并非如此。)

【卷里卷外】

阅卷还要注意有无被公诉机关有意"排除"的"疑点"证据。办案机关为了自圆其说,弥补侦查证据链上环节的缺失,人为消灭证据疑点,有时会隐瞒疑证,掩盖真相,极易铸成错案。比如河北著名的张某杀妻案,就是用

《牛城晚报》来证明作案时间的。因为卷里没有该证据，但是发表在报纸上的侦查通讯上有。恰恰这份证据对于该案的"疑罪从无"起到了重要作用。（详见本书第十章《普通型案件》）

【知否知否】

李清照的《如梦令·昨夜雨疏风骤》的精彩之处在于她的批判性思维。当"卷帘人"说海棠依旧时，李清照批判地指出：知否知否，应是绿肥红瘦。面对起诉书，公诉人就是"卷帘人"，辩护律师绝不能相信"海棠依旧"，发出"知否知否"的质疑声是其天职。

阅卷不能忽视对起诉书的批判。起诉书作为纲领性文件，是控方"山寨版事实"的抽象概括，已经过语言文字的提炼和从感性到理性的升华。有些律师只关注起诉书的定性，忽视其事实描述上的内在逻辑推理。其实，对起诉书表述文字的推敲和逻辑推演的批判，是最直观的。因为法院的判决书多参照起诉书。律师一旦直接针对起诉书进行批判，法官会非常重视，辩护也容易奏效。对起诉书的辩证否定，是理性的再次升华。

起诉书往往会暗藏玄机，直接影响案件的定性。律师一定要在起诉书的基础上精准找出控方的问题所在。如某涉黑案中，起诉书指控：被告人不定期带领社会闲杂人员到受害人家中要账，严重影响受害人的正常生活，使受害人举家迁往银川。辩方提出"举家迁往银川"并不是被告人行为所致，两者之间不存在因果关系。由一个小县城到省会，有了更大的发展空间。法官采纳了辩方意见，判决书中对"迁往银川"只字不提。

【"证"在何方】

案卷是侦控机关提供的，往往是不利于被告人的证据，并以其构建了一个于被告人不利的拟制事实。律师取证是采集对被告人有利的证据，构建一个于被告人有利的拟制事实。

尽管律师的调查取证权利是法律赋予的，但因是在侦查机关侦查终结之后启动的，其每一项调查都仿佛是为推翻侦查机关的结论而进行的，故而"反侦查"的帽子如影随形。

在反腐、扫黑除恶的高压态势之下，此类案件多表现为证人不敢作证或者已经作出的证言即使不实也不敢推翻。

很多律师和当事人都知道，翻供的现实风险很大。辩证法认为事物是普遍联系的，所以，调查取证的重点要对准客观事实，即和它相关的其他客观条件。

例如某受贿案，某地供暖用的是农村自己的"土暖气"，并不是城市集中供暖，这是客观情况。这与被告人所供职的城建部门在职务上没有关系。不符合受贿罪客观要件。当地的村支书和会计，对律师取证都退避三舍、讳莫如深。但任何一个事实只要是客观的，它就会雁过留痕，肯定会有其他相关的客观条件可以作为证据。所以辩护人另辟蹊径，寻找相关的其他客观事实来佐证。

如当年该地并无热力公司,尚未集中供热等,从而排除了其利用职务便利的要件。正所谓"东方不亮西方亮"。

普遍联系的思想也告诉我们不要作假证、伪证。因为证据是一个系统,是互相联系的。作假证、伪证很容易被揭穿,你改得了这个,改不了那个,总是能被推翻的。一个谎言需要一系列谎言来掩盖,极难不露破绽。

【拾遗补缺】

证人分两种,一种是已经被侦查机关询问过的"老证人";还有一种是侦查机关没有发现的,辩方找的对当事人有利的"新证人"。

侦查机关往往只记录对被告人不利的证言。找到"老证人",可以把事实调查完整,克服侦查卷内证言的片面性,还原事实真相。如某受贿案,侦查机关问"李某孩子结婚你给了多少钱?""两万块钱""哪出的钱?""单位账上的。"这全是对被告人不利的。随这么多礼金,而且用的是公款,很像行贿。可是律师问时,证人就说:"是这样的,我孩子结婚,人家也来随礼了。"这就成礼尚往来了。"婚宴上,我们单位去了四五个人。"四五个人共出两万元,平均下来就相对合理了。

同一件事,经律师调查,拾遗补缺,反映的是一个完整的、全面的事实,侦查机关有时取到的证据证明的是片面的、割裂的事实。

向"老证人"取证非常敏感,因为他们已作出对被告人不利的证言。如证人把之前的证言全部否掉,侦查机关往往认为是律师"策反"。如果公安机关找证人的麻烦,证人不仅会回到原来的证言,甚至会说"之所以改口,是因为律师让我这么说的",或者"律师让当事人威胁我了,我不得不改口"。所以对这样的证人一定要注意,以防其首鼠两端。为防止"老证人"翻供,要找相关的书证、物证或者其他证人证言,与"老证人"说的相互印证,互相制约,锁定证据链。

一般而言,对于"老证人",律师最好申请法院传其到庭,在庭上当场质证。

> **"高危证人"**
>
> 如果你面临的证人是被侦查机关控制的,那么尽量不要找他取证。必须取证的,他说什么就算什么,而且最好要有录音。因为人被控制后,其精神也会失去自由。见人说人话,见鬼说鬼话。人有趋利避害自我保护的本能。像这种敏感性的证人证言,属于高危证言,如有诱供痕迹,不仅影响证据效力,给证人带来风险,也会给律师带来危险。
>
> 因此,律师不要急功近利,给证人和自己带来麻烦。不能对证人不负责任。

第三篇 辩证篇

辩证法不崇拜任何东西,按其本质来说,它是批判的和革命的。律师是辩证法的产物,是司法对立统一体中的一方。辩论,是批判性思维的具体表现形式之一。

第六章 律师辩证观

律师是司法认识活动中法定的"反对派",其存在价值基于矫正先入为主的主观倾向。

律师的作用在于从特定的角度出发,为委托人"量身"打造正义,实现具体正义的精准化。没有个案的具体正义,抽象"正义"就成了空洞的概念。

第一节 辩证法的"直系血亲"

【一夫当关】

辩证法起源于辩论,辩论的认识方法升华为认识方法论——对立统一的认识规律。对立统一规律是唯物辩证法的实质和核心。辩护律师即是依此规律而设立的司法理性认识之反方,所以说,律师是辩证法的"直系血亲",且是由辩证法衍生出的司法"大家族"——控、辩、审——之"核心成员"之一。

律师制度是辩证法的产物。批判是其职业精神和存在价值。哲学精神是为了求真而怀疑和批判。因为两者有"血缘关系",律师职业遗传了理性批判这一强大基因。律师精神与哲学精神是相通的。否则,控、辩双方就没有了进攻和防守,也就背离了设立律师制度的初衷。律师要自觉秉承这种职业精神。

律师不仅要精通法律及法理,还应具备哲学的基本素养。

运用辩证方法认识事物全面深刻,是俯瞰的视角,已不再是辩方和控方的片面观点了,而是在更高的超然层面上了。也就是说,律师的辩护意见如果是基于方法论层面上的认识,是经过对立统一和否定之否定而形成的认识,是在正反合基础之上形成的认识,那么,是难以超越的。这样的认识才可能对审判产生有效影响。

法律是社会行为规则。规则的产生必须遵守一个基本的思维规律。唯物辩证法是人类智慧的结晶,是自然界、人类社会和思维发展之总规律。以哲学方法论分析案情,所依托的思想高度,对手往往难以企及。难道可以质疑物质第一性吗?这种"上纲上线"是非常必要的理性升华。一旦把问题看得透彻,必将给辩护人带来极大的自信,在庭辩中自会产生"一夫当关,万夫莫开"之效果。

如某地城管暴力执法被杀案,从侦查、审讯到起诉阶段,涉及公安分局、市局、市检察院、市法院,但律师只有两个人。在法庭上,公诉人只是控方实力显现的冰山一角,律师以个体的智慧和能力要和系统的团队抗衡,必须有强大的思想武器和精神力量。信心来自专业知识和辩证法。"一夫当关"的背后有强大的理论思维支撑。(详见本书第八章《社会型案件》)

"一夫当关",这个"关"就是思维规律之"逻辑关"。客观的规律与主观逻辑是相同的,二者统一于一个思维规律,换言之,只有一条"逻辑通道"。人类的意识活动也是有章可循、有理可论的。事实真相只有一个,思维逻辑也只有一个。律师"一夫当关"的自信根源于此。不按照思维规律办事,就难以通"关"。律师面对司法机关的逻辑错误,要敢于说"不"。否则,此"关"则形同虚设。在通往正义的路上,反向制约的"守关人",唯有律师,须以一当百,恪尽职守,不可让思维逻辑之"关"失守。所以,律师提高自身的思辨能力尤为重要。

【先入未必为主】

关于"先入为主"有个典故。公元前110年,汉武帝在嵩山脚下的密林中,见到一棵他从未见过的大柏树,就立刻封它为大将军。走了十几米后,迎面看见一棵更大的柏树,就只好封它为二将军。身旁大臣进谏说:"陛下,这棵柏树比那棵大得多啊!"汉武帝也知封得不太合理,但为保住颜面,就说:"先入者为主。"继续前行,又见一棵更为高大的柏树。汉武帝将错就错:"再大你也只能是三将军!"大臣们面面相觑,但金口玉言,只好如此了。后来,人们就用"先入为主"指先听进去的话或先获得的印象往往在头脑中占据主导地位,以后再遇到不同的意见时,就不容易接受。

由此可见,先入为主之见未必客观。窃以为,律师制度的存在价值,正是基于矫正此类主观性认识。

对立统一规律告诉我们,矛盾双方的主次地位是可以转化的,随着矛盾双方在认识过程中的此消彼长,次要地位一方是可以转化为主要地位的。关键在于客观性证据或主观性证据中客观性因素的发现和解读更支持哪一方。

现实中,由于司法流程和某些社会偏见所致,控方的观点恰似"向阳花木易为春",占居先入为主的优势。

从高层表态来看,律师是党和人民可以信赖的队伍,法官和检察官则是值得信赖的队伍。"可以信赖"与"值得信赖"两字之差,意味深长。窃以为,不宜用褒贬来解其中味,而应以主次、内外来作超然观。首先,从司法活动全过程来看,司法机关是全程介入,且居主要地位。而律师是阶段性、有条件地介入,居次要地位。其次,从政治体制来看:司法机关在体制内,由纳税人供养。而律师在体制外,由当事人授权委托。所以,从高层来看,相对于体制而言,律师是非主流的。但是,从辩证唯物主义认识论来看,不同认识角度的双方主体地位是超越体制的,发现真理的权力和机会是均等的,所以,在哲学意义上,所谓主流的观点未必正确。

律师起不起主要作用,不能以"量"而言,不能以"先后"而言,不能以"大小"而言。秤砣虽小可压千金。每一个案件都有关键的"支点"。"支点"决定案件的性质和走向。如果把案件审理过程比作秤杆的话,律师恰恰如秤砣。因这个"秤砣"的存在,从律师的"一点点"证据可以找到秤杆上那个平衡的刻度,达到司法公正的目的。所以,律师"人微"未必"言轻"。正如列宁所言:真理往往往掌握在少数人手中。

律师这个行业很特殊，他们是司法认识活动中法定的"反对派"，永远的"在野党"。律师往往从蛛丝马迹里发现问题，而这些问题往往被误读为枝节问题、非主流问题，被冠以"不影响定性""不影响基本事实成立"等，被轻易打发掉。打个比方，在白纸上点一个黑点，黑白分明，给人视觉反差极大。可是律师介入案件是在侦查之后，此时案件已是"灰纸"，律师的异议如同黑点加在灰纸上，已不醒目，故而不易被重视。有些律师以"死磕"的"行为艺术"等极端方式吸引法官和社会关注，也是其中原因之一。

所谓的主流，也是从上游的涓涓细流汇集而成。律师的视角和观点往往是另辟蹊径，或许找的是上游问题。上游被污染了，所谓的基本事实、基本定性的基础也就动摇了。比如，发现刑讯逼供的问题，就是口供来源的上游问题。案件的基本事实不是无源之水。当控方强调"主流"的时候，律师要强调"上游"。

【独立性与同一性】

职业独立意识是律师执业的立足点和出发点，是指律师独立的个性、独立的地位、独到的见解、独有的角度。律师必须明白自己特有的身份和地位以及在诉讼中的立场，才能在诉讼中发挥独有的作用，提出不同于控方或对方的有价值的意见。随波逐流、人云亦云，只会沦为诉讼程序的附属、陪衬，致使律师制度丧失其存在的价值。

人类的思维规律也是对立统一的。设立一个对立面,也就是从不同角度,甚至从反方向来认识同一个问题,方能得出正确结论。设立律师制度的最根本原因就在于此。所以,就凸显律师的独立意识的重要了。

《宪法》《刑事诉讼法》中虽然规定公、检、法三机关分工配合,相互制约。传统的"人情社会",加之"一元化领导",使得三机关配合大于制约,甚至制约形同虚设。制约,是律师的职业使命。如果趋炎附势,没有独立意识或者说对自身职业的初心使命没有坚守,会导致律师辩护席形同虚设。"灵魂三问"的第一问:"你是谁?"律师的独立意识是律师执业的前提,是律师执业的首要问题。

郑板桥的"咬定青山不放松,立根原在破岩中。千磨万击还坚劲,任尔东西南北风",可以形象道出律师独立意识的坚毅和艰难。

形成律师独立的观点并不是目的,将其观点转化为法官的意见,才是律师工作的意义。在诉讼中律师代理的成功,是通过法官的意识来实现的。律师和法官在法律共同体中是盟友而不是对手。坚持独立性时勿忘同一性。独立不是孤立。不得作片面观,更不应现偏激态。律师虽站在一方角度,却执同一法律,依客观证据,表理性观点,持冷静态度,求公平正义,法官自当欣然接纳。所以,在矛盾的关系中,法官虽居于主导地位,律师居于从属地位,但只要律师通过努力使其观点被法官采纳,则在思想上主导了法官,就实现了矛盾关系中主次地位的转化,从而占据主要地位。

事物本身是矛盾对立的统一体,大量的案件不是以消灭对方来解决矛盾的,而是靠"双赢":找到使双方的利益得到满足和实现的平衡点。律师处理诉讼和非诉案件,相关各方处在一个矛盾体内斗争的状态,同一性是矛盾共同体存在的前提。在斗争时不要让矛盾统一体破裂,否则将会两败俱伤。

第二节 白马非马

【共性入罪,个性出罪】

共性和个性是一对哲学基本范畴。"白马非马"的典故反映了二者之间的矛盾关系。马就是马,白马不是马,黑马不是马。以此类推,吕布的"赤兔马"也不是马,刘备的"的卢马"也不是马,李世民的"昭陵六骏"也不是马。"马"本身是抽象概念,是具体如白马、黑马等的共性。个性表现着共性,共性寓于个性之中。换言之,抽象的、共性的概念存在于个体的、具体的个性之中。

犯罪概念是对各类犯罪行为的一种抽象表述,反映的是犯罪行为的共性——社会危害性。而这些社会危害性通过具体的犯罪行为表现出来。律师只能办理有具体罪名的案件,比如盗窃、杀人、抢劫等,却从来没有办理过罪名为"犯罪"的案件。律师为被告人辩护时,罪轻的、无罪的,特别是改变定性的辩护,如被告人可能不构成盗窃,而公诉人却指控符合盗窃罪的概念和基本犯罪特征,即符合盗窃罪的共性,构成盗窃罪。辩方说不构成盗窃罪就是要强调案件的特殊性,也就是个性。认为不符合该罪的共性特征。

广东许霆案的特殊性表现在ATM机坏了,通过这个特殊性来为其作无罪或者罪轻辩护。可以把律师的无罪辩护方法论概括为"个性出罪,共性入罪"。就像"白马非马"论一样,无罪是个性突出到了可以个别处理,不可以作一般共性论处的程度。换言之,不符合罪名的共性。

共性寓于个性之中,每一个案件的成功经验和失败教训,提炼出来的共性就是经验或理论,可供借鉴,具有普适性。现在时尚用词叫"法律服务产品"。可见,律师最基本的思维方式,就是在无意识地自发地运用着哲学的方法论。

《刑法》总则讲共性层面问题,而分则的具体罪名是各种犯罪的个性表征。有些案件的个性问题在分则里解决不了,找不到答案,如同"行到水穷处",便要到总则层面"坐看云起时"。越是个性突出的东西,越是要考虑从共性的层面来化解。

> 一般判断力是把特殊的东西当作包含在普遍的东西之下、来对它进行思维的能力。……但如果只有特殊的东西被给予了,判断力为此必须找到普遍的东西,那么,这种判断力就纯然是反思性的。[①]
> ——康德

[①] 〔德〕康德:《康德三大批判合集》(注释版)(下卷),李秋零译注,中国人民大学出版社2016年版,第691页。

游麦积山,穿越1600年的时空,面对传神的艺术,唯有敬畏。撼人心魄的艺术,就是极富个性地表现共性,因为共性寓于个性之中,现实中不存在纯粹的共性。司法人员办案的最高艺术境界是公正,而追求公正的艺术与雕塑有异曲同工之妙:法条是抽象共性的,案件是具体个性的。从个案事实出发,不带条条框框,以案适法,以无罪的前提去查证、审判方才公正;而不是削足适履,以法适案,带着条条框框甚至有罪观点办案易出偏差。

【私人订制的具体正义】

律师是受个体的委托,就个案上的事实认定和公正评价依法作理性的考察和判断,完成运送具体正义"最后一公里"的正义使者。

律师的价值通常表现为追求个案公正。没有个案的具体正义,抽象正义就成了空洞的概念。就像白马和马的关系一样,没有了白马,就没有马了,马就成了一个空洞的名词。所以律师所起的作用恰恰在于从个体的角度出发,为每一位委托人"量身"打造正义。商店的成衣综合了体型相类似人的共性。但每个人都是个性的,量身定做才最合体。律师的作用就在于"私人订制",实现具体正义的精准化。社会整体的公平正义的精准度就会大大提高。这样才会得到人们特别是受到惩罚的个体及其亲属们对裁判信服,使法律成为人们的信仰,人们自觉遵守法律,才能夯实社会稳定的根基。

以个案助推法治是律师的社会使命。自觉地运用共性和个性的辩证关系,既要充分运用共性来指导个性,同时也要对案件的特殊性明察秋毫,深挖细找,求同寻异。寻找个案的差异化是律师的方法论,也是律师的使命使然。

【削足适履】

"削足适履"在律师办案实务中经常会遇到。例如一起案件作无罪辩护不成,律师修正自己的观点争取缓刑,这就是一种"削足"。因为社会传统司法理念这一"鞋子"没有发生变化,你只能"削足"让自己的观点变化。

"削足适履"实质上也是知行合一,理论与实践结合的问题。知行合一要求你的行为认知须让别人认同。把自己的观点硬塞给别人不可行,让别人"换鞋"显然也不行,"削足适履"也是"足"与"鞋"的相互协调,才能勉强达到和谐状态。这个过程是一个极其复杂的过程,首先,是自己观点正确与否的问题;其次,即使观点正确,还需考虑目前这个社会实现条件是否合适。律师在办理案件过程中不仅要判断自己的辩护观点与案件的情况是否符合,还要考虑社会实现条件等因素,否则极有可能引起一些误判。

律师办案一定要知道不同的案件要用不同的思维去思考。比如贪腐案件以政治侦查为始,以法律审判为终,这就需要两者首尾衔接好。法院具有双重性,受党组领导,法院对贪腐案件的审判,不仅用法律思维,还要用政治思维去审判。

律师在对贪腐案件进行辩护时,要根据其特殊性,学会因势利导,兼顾政治思维去辩护。一味地坚持法律辩护往往"口惠而实不至"。

第三节　现象与本质

理解和消化一个问题,不是从问题自身的层面解决的。如果把法学理论比作一块糖,要消化吸收其糖分,就需要用方法论(水)来把它化开。哲学的理论思维方法是处理一切问题的总方法。理论思维的本质特征就是通过抽象思维,把问题的本质揭示出来以"对症下药"。

如某特大盗窃案搁置八年,悬而未决,关键在于"化验单"的性质问题。从表面看是"化验单",但全方位剖析,就会发现在该案中,它实质上起到"鉴定意见"的作用。化验单是一般性证据,而"鉴定意见"则是按法定的特殊程序形成的证据。辩方指出该"化验单"的本质是"鉴定意见",其违法性就昭然若揭了。鉴定意见应该由有资质的鉴定机构经过一套严格的程序才能作出,受害单位自己作出的化验单怎么能在案件中作为"鉴定意见"使用呢?可见,透过现象看到本质,才能真正揭示本来面目,才是从本质上客观公正地解决问题的方法。所以,对事物的分析不仅要知其然,还要知其所以然,不能停留在事物的表象上。

现象是由事物本质决定的,由感官感受到的一种表面特征,包括真相和假象。所以分析证据,认定事物性质时,要把握本质,不能被表面特征所迷惑。现象反映的是事物外部联系,本质反映的是事物内部联系。内部联系是看不到的,因此,需要有一个抽象的思维过程。

比如,劳动者从单位领取工资是存在劳动关系的表征之一,无须归还。如李某领取"工资"后,仍需连本带息,如数归还,怎能仅凭从公司领取"工资"的假象认定其存在劳动关系?

有些人钻法律的空子,名为承包,实为借贷,以此来规避民间借贷的限制,是故意制造假象来规避法律。从现象到本质的抽象思维过程,是感性到理性的飞跃。这个飞跃不是凭空来的,是根据现象所表现出来的主要特征来把握的,把伪装剥去后看真实面目。透过现象看本质的抽象思维能力,应是律师的基本素养。

第四节 可能性与现实性

可能性是待实现的现实性,现实性是已经实现的可能性。两者之所以成为哲学的一对范畴,因为主客观的统一需要时间、地点等条件。可能性的实现不是等量齐观的。律师尤其要理性判断现实的可能性和将来实现的可能性。不具备现实可能性是指现阶段即使通过主观努力,也实难创造条件,也无法实现。

有些律师以为依法有据的事情就一定能赢。现实中却经常碰壁。因为案件结果有些是法外、案外因素决定的。所以,律师既要有长远眼光,关注未来的可能性,也要告诫当事人不要急于求成。

当事人如同病人,吃一副药就想药到病除,缺乏量变过程的思想准备。往往主客观的统一,还要以主体之间意向的统一为条件。譬如说,法官、检察官是否可以接受、采纳辩方的观点。司法体制的设置是控、辩、审的矛盾体,矛盾的各方又处于不同体系之中,三方理念既有相通之处,也有差异之处,要达成共识,并非易事。

国家政治利益的平衡、不同级别法检机关的执业水平以及当事人的水平等,都是影响案件结果的重要因素。律师最容易犯的幼稚病就是仅看法条就拍胸脯,不知道法条是理论,观点的实现过程会受到各方因素的干扰与碰撞,要充分考虑各种可能性因素,而且往往还有不可预测的因素。还有因疏忽大意、经验不足导致的误判。律师不能做法条理想主义者,而应做司法现实主义者。

司法是注重社会效果的实践活动。如国家把涉黑、涉恶人员当作反社会势力看待,在处理时不免有镇压倾向。当运动结束后,就要考虑甄别当时运动中泥沙俱下的个别案件,去掉"黑恶"标签也才具有现实可能性。具有这种正确认知判断才彰显律师的大智慧。

在确定案件辩护方向时,要先考虑能否实现,成数有多大,可能性具备转化为现实性的条件有多少。如张某杀妻案之所以选择作无罪辩护,因为始终找不到客观性证据——杀人凶器,而被告人供述作为主观性证据,又是刑讯逼供得来的,加之行为逻辑不具有合理性,且无杀人动机。综合这几个条件,张某具备疑罪从无的现实可能性。所以当时决定作无罪辩护。可见,可能性看似是主观的分析判断,其实是建立在客观条件基础之上的。

反过来说,现实性是已经实现的可能性,又包含了下一个可能性实现的方向、条件。现实是发展变化的。律师要学会在现实中发现新的可能性,现实性包含了未来现实性的可能性因素。任何一个现实性都是承上启下的环节。比如案件一审判决就已经是现实性的,律师要考虑斟酌是否上诉,预测未来的现实性。

第七章 法庭上的辩证法

法庭上的发问、质证、辩论是有机统一的"攻守道",不可将其孤立割裂开来。

神木二郎山浩然亭楹联:"浩充天地形影外,然爱风云变化中。"此联道出了哲人之气与辩证思维的内在联系。

庭审中的发问是律师的一项基本功。发问是辩论的预备,是律师逆向思维的具体表现形式,是对立统一规律在法庭上的生动体现形式之一,可谓"问辩"。发问的不良倾向大多有两种:一种是喧宾夺主,漫无边际,占用大量时间,甚至问出对己方不利的内容;另一种是相当一部分律师在法庭调查阶段唯唯诺诺、沉默寡言,宛如"谦谦君子"。这些都影响了法庭调查的实际功效。

庭审中辩护人和公诉人各自怀揣着己方认知的法律事实。发问是辩论的铺垫。调查阶段不发问,没有扭转或发现事实上的破绽,等于认可控方认定事实的存在。检方的发问是用来佐证自己认定的法律事实。如果律师在发问、质证阶段沉默,寡言少语,没有参与意识,辩论阶段拿起来辩护词就念,相当于自己主张的法律事实没有经过调查,是"空中楼阁",辩论阶段就成了"自说自话",缺乏法律事实支撑。

如果我们认为侦查机关认定的法律事实是错误的,就要构建自己认知的法律事实,这是辩论阶段存在的认识基础。同时,根据辩方认知的法律事实设计发问、质证、辩论的总策略。发问、质证、辩论三个阶段是一场统一的"攻守道"。切不可零打碎敲,盲目应战。应该把三者有机统一起来。全面、有效、深刻的辩论从法庭调查就已经开始。思辨过程要贯穿整个法庭,从而改变目前这种"发问沉默、质证单调、辩论苍白、结果无奈"的不正常现状。

第一节　庭审之问辩

【存在感】

法庭调查开始,当公诉人发问完毕,律师在有了第一轮发问机会时,无论有没有实质性意义,都要开口发问。一定要打响"第一枪"。可谓技术性发问或曰常规性发问,这是律师在法庭上彰显存在感,对被告人是精神声援。律师的存在感是对公诉方的精神制约。检察官、律师各抒己见,在发问和质证中实现对证据的具体的否定之否定,可使法官感觉到双方保持着对立中的平衡,引起法官对辩方观点的重视。如果律师默不作声,在庭上使检方一家独大,形成"一言堂"的氛围,被告人可能就会"身不由己"地被检方"精神强制"。如果出现这种局面,律师再欲扭转则为时晚矣!

【逻辑性】

发问是有目的性的,要提前想好发问后可能的回答以及如何支持自己的观点。同时也要抓到脉络,让人感觉出你在向纵深发问以及你想支持什么观点。有的法官之所以打断律师,就是认为律师的发问没有逻辑性,觉得和本案没有关联性。所以,发问要注意,有理的发问就不容易被打断。当然,辩方有时会故意"挖坑设伏",不让对方察觉发问的目的,似乎是"绕弯子"的"盲问",但要注意精简话语。否则,一旦被打断,再作目的关联性解释就弄巧成拙了。

【动态观】

法庭审理现场是动态的,考验律师的应变和控制能力。发问不可能全是封闭性问题。被告人的回答有时漫无边际,答案会超出你的想象。法律是一门专业,被告人是外行,往往跟不上律师的思路。加之,庭上的庄重严肃气氛和现场的瞬息万变以及"阶下囚"的身份地位,都会令被告人高度紧张。即使事先"培训",也不可能完全按照预想的思路走。这就需要律师投石问路,如果被告人默契不够,不知道发问想达到什么目的,就要及时打断并提醒,切记不可"诱导性"发问。但也有很多有价值的问题往往是在现场发现的,律师不要局限于已写好的"剧本",要敏锐捕捉,随机应变,不可现场"表演背台词",而错失很多有利的情节和机遇。

【开放性】

发问的对象是开放的。除向被告人、证人发问外,甚至可以向法官或公诉人发问。如当证人无正当理由拒不出庭时,我们可以向法官发问这个证人具体所指。随之当庭提出,如果此人拒不出庭,其证人证言依法就不能被采纳,当排除这份证人证言后,就有可能撬翻整个案子的支点,直接影响定罪量刑。只要是为了探明案件真相,经审判长许可,就可以向其提出发问。

【全局观】

发问需要高站位,俯瞰全案,掌握全局。哪一方对案子有全局性的把握,就掌握了发问问题的控制权,就占据了"C位",自然也就成了庭审的中心。当发言极其精准、逻辑相当严密时,庭审就会跟着辩方思路走。可见,初级发问是"秀存在",而顶级发问就是隐形而实然地"主导"法庭调查。

第二节 庭审之质辩

质证是控辩矛盾统一体的斗争性充分展开的过程。斗争也有策略,讲技巧,重实效,这又是同一性的一面。矛盾的斗争性与同一性是相互依存、不可分离的。

法律事实的大厦是靠证据来支撑的,所以质证是庭审辩论的前提和基础,所有事实和理由的"支点"都在质证阶段呈现。质证的成败直接影响诉求能否实现。如果说庭审发问是"秀存在",那么质证阶段就是"秀肌肉",而辩论阶段则是"出拳"。质证发言要简略、简要,但不简单。辩论阶段要进行观点的升华。质证是认识的量变积累阶段;辩论是质变飞跃阶段。

【点面相济】

质证在"点",辩论在"面"。质证侧重查明案件事实的"散点透视",辩论是进行全面法律适用的系统论辩。当然,质证中言不尽意的内容也可以在辩论阶段继续阐述。但在辩论阶段,法官一般不允许律师长篇大论、滔滔不绝。因此,律师要学会巧妙地将部分事实的辩论提前至质证阶段。

人的注意力的集中时间是有限的,要学会把事实部分的辩护观点均匀而系统地分布在庭审调查中。质证阶段拿出主要证据,尽早引起法庭注意,也便于归纳争议焦点。质证阶段时间相对充裕,没有急迫感,发表意见可更完整且针对性强。

在质证阶段时间充裕,针对性强,就像狙击手瞄准一个点。辩论阶段针对的往往是一个"面",不像质证打的是一个"点"。根据物理学理论,受力面积越小,压强越大。这同样适用于人的思维。聚焦问题的一个点,人的思维会比较敏锐,且有深度。

【组织语言】

质证要做好充分的庭前准备。虽说庭上有很多现场即兴发挥的东西,但基本内容应在庭下提前准备扎实。首先,证据目录要周详。预判对方的观点,准备好应对,这个基础一定要打好。其次,语言简明扼要。避免语病,"哼哼哈哈"要不得。切忌离题万里,言不及义,更不要绕圈说话,隔靴搔痒。要直奔主题,开门见山。最后,对分组证据的关联性要有阶段性归纳小结,凸显观点的论证逻辑架构。

【随机应变】

质证是动态的过程,总会有新的证据、观点、事实出现。庭前准备只是预案,不可能面面俱到。要以动态的思维对待庭审,练就随机应变的能力。不能墨守成规,刻舟求剑。当对方观点与己方准备的不一致时,不能自说自话,使观点不交锋;新的证据否定了己方的观点,不能堂吉诃德式地宣读或背诵庭前拟好的"过了时"的辩词;出现新的证据对己有利,更不能浑然不觉,错失良机。

拿备用证据的使用来说。在举证阶段,有些证据是可举可不举的,要看是否涉及再举反证。当对方举出一份证据,我方备用的证据恰恰能反驳对方时再举。及时举出反证,效果明显,这是有的放矢。打仗是打赢为止,不是把炮弹打完为止。

庭审的风云突变多在质证阶段出现。如某涉嫌非法持有枪支罪案。开庭前,并不知道枪支已经被公安机关弄丢了。但如果在法庭上,只注意到卷内书证而忽略了物证,就会在检方举证完毕后,结束质证。当时我们发现检方举证时遗漏了物证——枪支,当庭要求出示,检方因不能出示而很尴尬。物证找不到,这个案件证据链就不完整。因此,律师切不可把庭审当作走过场,要尽可能地在质证阶段推动对案件的认知!

当证据出现对双方均有利的解读时,要指出"这份证据从某个角度来看,恰恰证明了我方的观点"。这叫信手拈来、为己所用。

【精准表达】

话不在多,而在于精。切忌重复啰唆、拖泥带水。语言越少而精,观点就会越凸显。法庭一般只进行一轮质证,只有法官认为有必要时,才可以进行第二轮质证。当对方观点陈述完毕,自己又有反驳观点需要申明时,可以举手示意法官。在获得法官允许后,再阐述自己的观点。如果法官不允许,也不必懊恼,在法庭辩论阶段还可以补充申明。如果观点不是三言两语能说明白的,就概括为几点:一、二、三……具体理由在辩论阶段将详细阐述。要把剑先亮出来,把旗帜打出来。

观点要明确。如在庭审质证时说:"这个没问题。"就属于观点不明确、不具体,用词不专业。此句是指文字表述没有问题,还是合法性没有问题?律师的发言应紧紧围绕证据的"三性"进行,把握发言主旨。

用语要精准。如"对公章表示怀疑"这种说法就不够精准。应当说:"对合同的真伪有异议,其表现在公章有问题,我们申请对公章进行鉴定。"只提及怀疑,并未申请对公章进行鉴定,不免给人隔靴搔痒之感。还应简要表明要鉴定什么,鉴定公章的真伪还是加盖时间,这样才能表现出专业素养,最大限度地节省庭审时间。

语速要缓。质证阶段不同于法庭辩论阶段,辩论阶段不要求语速。因为辩论阶段没有表达完的,还有发表辩护词或代理词时可以弥补。但质证阶段的质证意见往往是法官所关注的重点,法官将从中找出双方的观点及争论焦点。因此,一定要放缓语速,以免书记员无法记全。

【留有余地】

对对方的证据不要轻易说没有异议。否则,在辩论阶段就会处于被动地位。对方或法官会反问:"你在质证时对此不是没有异议吗?"可能当时没有发现这份证据对全案的证明意义,表态过早且绝对化了。也许是对方设置的一个陷阱,而且对方可能还没有全部举证。因此,质证表态时话不要说得太绝对。

对于对方当庭提交的新证据,应声明该证据庭前未提交,"我们需要认真审查一下",不急于在此次庭审中发表自己的观点,"回去再与当事人核实一下,庭后提交书面质证意见"。

【讲究策略】

面对对方所举的证据,己方确实无话可说时,不要简单地承认了之,这样会影响己方士气。尤其当事实难以查明时,法官会关注双方律师和当事人,看哪一方理直气壮、底气十足。这是法庭"印象分",会对法官的"自由心证"产生重要影响。此时要说:"关于对方的这份证据,会在法庭辩论阶段再进一步阐述反驳意见。"但在辩论时不一定说。一次庭审中,对方律师面对我们的硬核证据竟然理直气壮地说:"有大量的证据来反驳你们的观点,待会儿再举证并充分阐述。"搞得我们心神不定:他会有什么证据?一直等着对方那只"靴子"掉下来,忐忑之中,分散了庭审注意力,这也正是对方律师要达到的目的。这就是心理战。等到最后,那只"靴子"也没掉下来。

对方对己方证据有误解时,一定要释明。要举手示意审判长,告知对方他理解错了,真实意思是什么。因为在给对方释明的过程中,也重申了自己的观点,避免被误解和否定。这样,尽量让对方多肯定己方的证据。

要尊重对手。对对方的证据"鸡蛋里挑骨头"是可以的,但不要表示不屑,甚至随意攻击,未经审判长许可贸然打断对方。看似不经意地随口接话茬儿,可谓不礼貌、不专业的"毛病",法官也会很反感。尊重是相互的,尊重对手才能彰显理性风范。

第三节　庭审之论辩

(1)辩术阻止欺骗和邪恶行为的得逞;(2)辩术是一种教育公众的方法;(3)辩术使人们看到一个问题的正反两个方面;(4)辩术是维护自我利益和个人名誉的防御手段。[①]

——亚里士多德

[①] 参见〔美〕奥斯丁·J.弗里莱:《辩论与论辩》,李建强等译,河北大学出版社1996年版,第4页。

如何在法庭上从容不迫、对答如流、侃侃而谈、娓娓道来？这是所有律界新人面临的首要问题和难题，也是绕不开的进门之槛！

解决了紧张问题，出庭熟练，说得清楚明白，完成观点陈述，进行逻辑推理，甚至旁征博引，言之有理，持之有据，成一家之说——总之能自圆其说，这只是入门。这才像个律师。

高屋建瓴，一览众山，交锋对立之中，深入讨论，超然客观，兼收并蓄，令人信服、折服，展示风采，以信、达、雅之功，收真、善、美之效！此乃真律师！

【"悬念"之魅力】

辩论是思想的竞技、观点的博弈、方法的对比。新观点的检验方法之一就是在司法认识过程中的重要而精彩的阶段——辩论。

悬念对诉讼参与人来讲是对公正结果的期待，认识是动态的，是在辩论中生成的。辩论的生命力在于认识的运动，悬念是辩论的魅力所在。辩论是认识对立统一运动的过程，结论往往是不可预知的。

不要让庭审"走过场"。庭审的核心就是辩论。坚持以审判为中心，就是不要以预设既定的侦查结论为定论，才能保证庭审的结果是审判得出的结果，而不是侦查结论的"彩排"，才能有效斩断"错案流水线"。

老子云：反者道之动。对立观点的出现，有机会听取反面意见，这是推进认识过程、深化认识的必要条件，也正是辩论的意义和律师制度的存在价值。

【庭辩的本质】

辩论,是批判性思维的具体表现形式之一。庭辩的本质是辩证的认识过程。辩论双方各执一端,看问题的角度是有局限性的,因此辩论双方的观点本身就是一种残缺美。在对立的残缺的事实和认识基础之上寻找和谐完美。辩论就是在残缺中发现美。

律师在刑事案件中为"坏人"辩护,似乎是律师的"原罪"。使得有些律师在法庭上理不直、气不壮,未语先输。每上法庭便有"在人屋檐下"矮人三分的尴尬。辩场如战场,"士气"对律师心态有极大影响。每一个案件都要找到道义制高点,方可理直气壮地有效辩论,道义制高点因案而异。但基本上有以下几个方面:

第一,因果道义制高点。放在大社会背景下看待案件,犯罪总是有社会原因的,如受贿案,权钱交易,往往与制度本身的疏漏有关。

第二,程序道义制高点。往往公诉人在实体方面有辩论优势,律师在程序方面有辩护优势。因为控方为举证方,律师是程序法的监督员。只有律师的监督是对立的制约和监督,公检法之间的监督是同一性的制约和监督。

第三,理性道义制高点。所有案件都不可能完全还原真相,总有事实不清、证据不足的问题。律师要捍卫正义,占领理性道义制高点。律师要用逻辑理性把证据链推至不可知的边缘,使结论不具有唯一性,那么案件证据的局限性就暴露无遗,当事人就有疑罪从无的可能性。

庭辩的实质是探讨事实真相和研究事件的处理办法。搞清这个实质,在辩论方式上就平和了。

辩论是在对立统一中寻求平衡性、同一性,在对立中寻找统一,在统一中超越对立。因此,一定要把握辩论中的平衡。

如果在庭辩中非要说服对方或把庭辩当成作秀的场合就错了。有时双方不在同一个层面上对话,不从同一个角度看问题。还有的人顾忌身份、职责,就是错了也不会当场认错,可谓"心服口不服"。

(一)技巧不能超越品质

笔者曾在一次法庭辩论时,将哲学"主、从辩证关系"等同于法律意义上的主犯与从犯的概念,辩"晕"了对方。于今追述,意在说明哲学与法学、辩证与辩论、辩论与品质之关系。公诉人说该案"只有主犯没有从犯",而笔者主张被告人是该案从犯,争辩之际,为占上风,笔者说如果"只有主犯没有从犯",是否定辩证法!辩证法讲对立统一,有高就有低,有大就有小,有主就有从,为什么该案只有主犯而没有从犯?公诉人无语了。庭下法官问:"我们经常这么判,有主犯,没有从犯。都判错了吗?"笔者解释说:你们没有错。哲学上讲有主必有从,是说事物内部矛盾对立的绝对性。但哲学不能代替各个学科。具体学科有各自的范畴和规律。法律上的从犯是个特定的法律概念,是指同案中起辅助作用、居从属地位的。本案之所以没有从犯,说明在该案中主犯之外的其他被告人的作用和地位尚未符合从犯概念。处在主犯和从犯之间的过渡带而已,不能非此即彼。非此即彼是形而上学的思维方式,不是辩证法。

经常有好多问题停留在法律层面想不明白,因为问题之解不在法律层面上。法律条文背后有个总的思维法则,就是辩证法。以上可谓是自揭谜底,也是自我检讨:辩论的技巧永远不能超越你的品质!

(二) 不要丢了"根据地"

对立与统一互相依存,对立以双方的差异性存在为前提。所以,辩护律师在攻击别人时要守住自己的"根据地"。如果对方提出的观点自己确实不了解,就要回到自己的"根据地",保护自己的"基本盘",千万别跟着别人走反而迷失自我,把"根据地"弄丢了。出击时首先考虑别人可能怎么反击,如何自保。扬长避短是基本策略,千万不要犯兵家大忌,被人诱敌深入,进入对方的"包围圈"。

一旦自己的思路让对方牵制,"算盘"就交给对方来拨弄了。如同牛鼻子上的牵绳被拉住,只能任人摆布。批判对方的观点后,要再次简要重申自己的观点,让对方知道自己的批判不是为了批判而批判,为了对立而对立,而是为了证明自己的观点,维护己方的合法权益。否则,庭辩将失去其本质意义。因为庭辩不是要消灭一方的存在,恰恰相反,是保障一方存在的法定权利。

(三)把控同一性

就控、辩、审三方而言,控、辩对立,而审判则是把持平衡的中立方。轻松的讨论和严肃的法庭辩论具有同一性。观点虽对立,目标却一致。故而法庭上也可以营造轻松的讨论氛围,关键在于法官的把控能力。

律师是理性的存在,要依法理性地处置庭审中的异常情况。如被告人在自我辩护时,公诉人打断并质问被告人,明显违反法庭纪律,此时如果律师直接指责公诉人违反程序,会导致矛盾升级。如果辩护人举手示意,吁请审判长:要有序进行辩论,此时是被告人发言环节,未经审判长许可,公诉人不能打断。审判长会请公诉人注意法庭纪律,请被告人继续发言。这就把双方紧张而敏感的关系程序化,且由中立方来处理。但是,法庭作为居中裁判方,如果制造与律师的紧张关系,的确会是非常棘手的问题。所以,法官保持理性中立,是避免庭辩危机的重中之重。因为这是程序公正的最后一道防线。

> 因为期待理性有所启蒙却又事先规定它必须必然地倾向于哪一方,这是十分悖谬的事情。[①]
> ——康德

---

① 〔德〕康德:《康德三大批判合集》(注释版)(上卷),李秋零译注,中国人民大学出版社2016年版,第459页。

(四)庭辩的"妥协"

斗争是方法,统一是目的。通过斗争明辨是非,达成统一,才能解决问题。所以,妥协是解决矛盾的基本方法。辩证法的否定是辩证否定。律师的责任在于分清哪些观点是应该坚持的,哪些是应该妥协的。对立而统一,最终达到正、反、合的结果。

判决也是一种妥协。虽然控辩双方没有达成妥协协议,但法院将其利益进行平衡,以法律之名,通过裁判的形式,强制其妥协。因此,妥协的实质是衡平,不是屈服。

法学不是数学,结论未必精准。许多事情未必可以查清真相,且有人情世故掺杂,所以并非由法律就可以完全解决好。有时案件背后的原因并非律师所能了解,我们所知道的仅仅是当事人提供证据支撑的"山寨版事实"。如果律师偏执己见、贸然决断,可能不仅没有帮助到当事人,反而会损害其权益。说"这个案件你绝对能赢,不要和他调解",是"法学幼稚病"的表现。

【庭辩的技巧】

辩论双方都是为了实现自己心目中的公平正义,公平正义是控、辩、审三方的博弈,所以,每一方须向对方及居中裁判方给出一个理由。不仅是在辩论中探求事实真相,利益的公平性与正义性的取得,也是在辩论中寻求的平衡。

充分地表达并让居中裁判者接受是很重要的。"兵不厌诈",辩论讲究谋略、技巧。斗争性和统一性的相互依存,斗争性不能打破统一性。如果打破了,就不再是统一体,而是一方消灭了另一方。辩论是"兼听则明"的双赢。所以,以巧智取是必要路径。而相关技巧就必然成为律师的必修课、基本功。

所谓技术,是一门操作层面的科学,是"道"的具象,是规律外化的表现。律师是以表达思想谋生的职业,必须研究辩论的特殊规律,善于把自己的思想与别人交流,才能说服居中裁判者。

任何艺术,首先是技术,都是由技术升华而来的。匠人型律师是专业技术层面的,是成为哲人型律师的必经阶段。熟能生巧,不仅能掌握特殊规律,还要从特殊规律中匠心独运。特别是语言辩论,要求即兴发言。这也是法庭的特殊要求,双方交流是以公开合法形式进行的,这时语言能不能精准传达正确思想,并战胜对方,征服居中裁判者,往往都是瞬间发生的事情。如果谈论问题的深度、广度与高度都跟不上去,那么就很难撼动对方的观点。

技巧包括语气、声调、表情、手势等一系列表演艺术。要学会运用表象化的东西反映事物的本质内容。同时还要运用偶然的东西,让人感觉到必然性和规律性。让你的主观逻辑体现出的是客观逻辑。主观逻辑感染人,客观逻辑征服人。辩论技巧看似是表象的,实质催生理性的升华,反映的是认识的内在规律。辩论是感性与理性的辩证统一体。

法庭辩论八项注意

（一）音量的调整

在音量上，有些律师声音很小，有些律师则高门大嗓，一副吵架的架势。这都是"过"的表现。法庭审理有麦克风，对着话筒说话，音量完全可以和平日谈话一样，要因时因地、依情依景来调整自己的音量。有些案件因涉及隐私，法庭较小加之旁听人员很少，更要音量适中，切不可大声嘶喊。

（二）手势自然得当

通过手势来形象说明问题，可以强化语言张力，增强语言感性传递效果。但是，在法庭上不宜有大幅动作。法庭不比舞台，舞台离观众较远，需要让观众看清，因此，舞台形体表演要夸张一些；法庭上，不需要大开大合，也不宜有过多的手势。手势的功能是强化语言的，过多会令人眼花缭乱，分散注意力，弱化语言效果。

（三）语言要得体

法庭语言既要口语化，又不能太生活化。过于随意的语言表达易出现语病或车轱辘话。不要将法庭辩护完全生活化，要略高于生活，言简意赅，净化语言，美化语言。不信口开河，不能把污言秽语带入法庭，要体现职业理性和专业素养，维护法庭的严肃性。可见，不照本宣科，并不是无拘无束地把生活的原生态搬到法庭上,生活化不是庸俗化。

(四)把握语速节奏

语速不宜过快,口齿要清楚,正所谓:快慢断连,抑扬顿挫。有的法庭没有庭辩笔录,只寥寥一笔"详见辩护词";有的法庭会记录辩论要点,此时律师需要重复要点部分,同时放慢语速。语言的节奏里倾注着辩护观点的客观逻辑和主观情绪,反映着逻辑重音和凛然道义。

(五)交流互动

在发表辩护意见时,要注意表情、目光、神态的交流,以吸引大家的注意力。通过观察大家的现场反应,及时调整辩护意见。庭上时间宝贵。观其表情释然,就不要反复阐明;如果会心点头,显然,表示赞同;如果一脸茫然,可以考虑进一步释明。

(六)表达的张力

庭审,是难得的律师与法官、检察官平等交流的机会。律师发表意见要放得开。有些律师气场不够,给人以不自信的感觉。可通过诗歌朗诵等训练,培养表达时的张力、感染力,表达一定要让受众感觉舒服。有气场也要注意节制。像怀素的狂草,狂则狂矣,但狂而有度,虽狂却美。骤雨旋风,而法度具备,有气场但不狂妄。

(七)时间分配

发表辩护词要注意时间分配。事实部分的重点要往前提到质证阶段,辩论阶段可详可简,游刃有余。辩论阶段对事实部分不宜多讲,点到为止,着重讲法律适用,观点的逻辑推论,并对控方发言予以回应。如此,就避免了与质证阶段的重复,不会让人感到冗长、乏味。辩论目的不是让对方俯首称臣,而是让法官听懂、消化、吸收。

人们往往对新鲜事物感兴趣,注意力也会相对集中。如果发言冗长、重复,则会降低听者的关注度。有些律师在辩论阶段大段重复质证阶段的发言,即使被打断,依然没意识到,不仅会引起法官的反感,还浪费了重要的发言机会。针对全案证据,语言少而精,点到为止,不作多余解释,是点评式发言。其意义在于吸引法官注意,保持发言内容的新鲜度。

如果说质证阶段是"点到",那么,庭辩应该说是"点评"。如某案中枪支鉴定问题。如果在庭辩中,重复说质证阶段已经强调的"枪支鉴定没有进入复核程序等于鉴定程序未完成",已没有意义。如果在此时换种说法:枪支鉴定程序还没有结束,需要进入"复核程序",鉴定程序尚处在"正在进行时",还没有作出最终结论意见,法院岂能出判决?这个点评的说服力就明显带有逻辑的震撼力,更能引起法官重视。点评语不同于法庭质证发言,适度展开论述,突出重点。

记录庭审观点,律师切不可当"书记员"埋头记录。速记、点记或符号记,可有效提升思考效率,不至于贻误战机。开庭时,律师的主要任务是表达对己方有利的观点,反驳对方对己方不利的观点。反驳机会稍纵即逝,且失不再来。

(八)避免"打横炮"

区别主要矛盾和次要矛盾,明白法庭上的主攻方向。这是重点思维。有共犯的个案,要从证据入手,厘清、分解被告人的行为责任。法庭上辩护律师只说清自己当事人的行为责任即可,在辩护词里再详细分析每个人的作用,避免庭上律师之间相互指责。

总之,一定要知道自己主要是跟法官交流,而不是来拉仇恨的,绝不能在法庭上与同案辩护人"打横炮",让"亲者痛仇者快"。法官是靠证据定案的,这是最主要的。绝不要在庭上逞一时之勇,似乎是一骑绝尘,但枪打出头鸟,结果招来一通"横炮",使辩护效果大打折扣。

【庭辩的艺术】

任何一门艺术都是有规律可循的。辩论是一门实践的艺术,不能纸上谈兵,一天可以讲完的技巧,做起来却是一辈子的事情。一定要在实践中磨炼。磨刀不误砍柴工,要苦练基本功。辩护艺术的规律是在实践中感悟的。因为辩护艺术已不再停留在技巧层面上了,已经不是简单的、程式化的对共性问题的模仿,而是心灵上的、思想上的个性的创造。如同艺术市场上的匠人画与文人画的区别。前者是临摹,后者是创作。

(一)信、达、雅

"信、达、雅"原则,本是严复先生提出的翻译工作基本原则,庭辩中同样适用。因为翻译和庭辩都是思想的深度传达。

信,要忠诚于法律和事实;达,指表达的语言要顺畅、通达、准确、明白;雅,指表达形式文明雅致,讲究艺术。实现真善美的统一,才能准确传达自己的意思,且要符合法理人情,才能让人愿意听取和接受,以实现自己的主张。有道菜名起得很艺术——"金钩挂玉牌",一听就激发食欲,端上桌来发现其实是黄豆芽炒豆腐。虽是意料之外却是情理之中。律师的观点表达也是如此,让别人心悦诚服,才是最佳形式。尤其是反面观点,更要在巧包装和易接受上下一番功夫。律师是离不开语言艺术的。这个需要天赋,但更要刻苦训练。

(二)温润之辩

同样是阳光,炎炎夏日,人们避之不及;冬日暖阳,令人向往。在西岳华山北峰有一方"愿为冬日"的摩崖石刻。

同样是辩论、表达观点,怎样使他人更容易接受,把握好"度"是温润之美。温润的语言艺术,是交流沟通的润滑剂。温润之辩是辩论最美的艺术境界。

庭辩双方是对立统一的。用真诚追求事物的真相、真理,彰显人文关怀,释放司法之善,达到完美境界。

一次贪腐案开庭,公诉人用了十几分钟的时间阐述"反贪"的意义,明显作秀。律师毫不回避,以实击虚,一言以蔽之:对于反腐的意义,我们辩护律师是纳税人,理解更深,更加痛恨腐败,更有话语权。显然,这是用真话与真情占领了道义制高点。

附带民事诉讼案件的受害人一方在场时,律师发表辩护意见前,从人道主义出发,说几句同情、安慰的话,不仅表现出其道德立场与职业理性的差异,而且非常有利于下一步的调解。

(三) 亦庄亦谐

庭审是程式化的，气氛严肃沉重，节奏单调机械，往往有枯燥、压抑感。适时且适度的幽默也是一种庭审的语言艺术。当然，幽默不是庸俗的玩笑，而是律师高雅智慧的自然流露。要轻松风趣，准确得当而有深意，浑然天成，不要刻意造作，哗众取宠。

一句冷幽默的答辩，要比冗长的论述，效果更明显。某案中，论及被告人是否患有性病时，辩方举出被告人妻子的否定性证言。公诉人反驳说其妻是利害关系人。如一本正经地说："是否患有性病是个人隐私，应该找他妻子了解。"就不如反问一句："这个问题不找其妻调查，您说，找谁合适？"如此反问，令人忍俊不禁，印象深刻，而且准确、精练地表达了观点。沉闷的法庭为之活跃起来。既有点冷幽默，也把握好了火候。这就是亦庄亦谐的效果。其实，这是无本之剧，事先毫无准备，是现场氛围激发的灵感。

一次行政复议听证会上，被申请人作为行政主管机关，为了表现其公正，对申请人说："我们很想让你赢，但是证据不支持你。我们很无奈。"作为与被申请人同一立场的第三人代理人，因要表达的意思与被申请人一致，就没有必要重复，只说："同意上述意见，但他说很希望对方赢，这是主观上偏袒对方，我们对此表示异议。"这纯粹是口惠而实不至的一句冷幽默，大家会心一笑。

（四）拿捏分寸

在庭审表达时会有一定的表演成分，但分寸还是要拿捏好。可以有悲愤，有情绪，但不可以无节制。律师是理性的代言人，可以有情绪的点缀，以示强化立场和观点，但一定要用得恰到好处。律师可以在庭外做模拟训练。只有客观理性，听众才会信服。如果律师的表现混同于当事人，就会让法官对其发言是否理性打问号，甚至质疑其职业素养。

律师和演员不同，其本质区别就是真和假。观众买票看戏，"知假买假"，演员的表演再夸张都是可以接受的。律师的受众是法官、检察官、旁听人员，律师表达水平的高低，直接影响他们受感染程度的强弱。有时法庭会出现旁听人员为律师鼓掌喝彩的情形，尽管违反法庭纪律，但表明律师庭审发言处理得精彩，拿捏好了分寸。这是把感性上升到理性后，又以感性的表达艺术深深征服了在场人员。

（五）呼应伏笔

在质证阶段的发问，注意为辩论阶段埋下伏笔，设置悬念。质证阶段对同案被告人的发问，往往暗藏玄机。比如，为了证实张某遭受刑讯逼供，被打断门牙的事实，以达到排除非法证据之目的，律师在庭上向同案被告人发问："你最后见到张某时，他的口腔跟一般人有什么不一样？是不是豁牙子？"同案被告人回答说："不是，牙齿很整齐。"这样的铺垫是很必要的。因其被捕后与张某没有见面,不知张某门牙已缺失且不是利害关系人,其证言的证明力强,为后面的相关辩论打下良好基础。

在辩论阶段不要忘记已在质证阶段埋下的伏笔,适时与伏笔呼应,使质证与庭辩浑然一体。

(六)巧用古诗

辩论中语言要丰富、简练。古诗词是大众极易接受的通识和优美简练的表达方式。中国古诗词是丰富的语言艺术宝藏。某受贿案中,被告人是公安局局长,在某歌厅投资5万元,分红22万元。检察院以受贿17万元起诉。这就需要说清"投资"的概念。如果从经济学概念上说投资,很呆板且啰唆。引用古诗"春种一粒粟,秋收万颗子",一语道破播种子的目的绝不是为了只收回一颗子,要的是一本万利的回报。这样说就形象易懂,且语言简练。可谓点睛之笔。

(七)更上层楼

双方对于具体问题之争论于同一层面难解难分之时,可以上升到更高层面俯瞰,便会一目了然。一次在法庭上讨论就补查刑讯逼供是否要公诉人回避的问题,公诉人认为,既为公安侦查中的问题,检察机关就可以侦查了,因此公诉人"不应回避"。辩护人反驳:"从辩方来看,该案的刑讯逼供虽系公安机关所为,但不宜由公诉人直接进行调查。因为公诉的成败和公诉人的业绩是密不可分的,公诉人仍属本案利害关系人,由渎职侵权检察处调查,岂不更显中立客观?更令人信服?更有助于树立司法的权威?"这已经上升到司法理念层面,是法律人共同追求的理想境界。自然是无可争辩的。

好比爬山,可能选择上山的路径不同,但目标山顶是同一个,登顶后看到的风光自然是同一的。看问题的角度虽然不同,甚至所表达的观点都是对立的,但追求的目标是一致的——司法公正。每一轮论辩上升一个层级,一旦"凌绝顶",必然产生共鸣!

(八)呆若木鸡

辩论是动态的,许多观点是即时发生的,这就需要一种沉着稳重、从容不迫、不怒自威、内圣外王之心态来接招拆招,甚至不战而屈人之兵。庄子视呆若木鸡为论辩的最高境界。以致对方无敢应者,反走矣。辩论,是精神和思想的竞技。选手进入竞技状态,水平难分伯仲时,比的就是心态。谁心态好,谁就发挥得好。正常心态才能在庭上轻松接招。

法庭上常常会临时调整辩论观点和论据。当事人或证人由于种种原因可能会说出意外情况,打乱庭前准备。此时应及时而系统地调整预案,审时度势。法庭如战场,即使出现不利情况,也应控制好情绪,胜不骄败不馁,保持旺盛士气。气定神闲、淡定自若是辩论应有的充分必要的主观心态!当然,这不是一日之功,需要一个长期修炼的过程!

(九)三思而行

法庭是理性对抗的战场,要谨言慎行。在抓对方漏洞的同时要避免自己的漏洞。模棱两可、言之无据等易被对方抓住把柄的话,不要说。这也是在第二轮、第三轮辩论时"短、平、快"的原因之一。除了防止言多必失,也不给对方反驳留有充分思考时间。

法庭辩论有时火药味十足,言辞易绝对化。一绝对就会走极端,违背了辩证法。但也不可言不尽意,语焉不详,必须旗帜鲜明,观点明确。当然,深思熟虑的"绝对"化观点对对方是全覆盖的致命打击。例如,被告人持枪入室抢劫,枪击二人,均打在致命处,被害人幸得抢救及时,得以活命。作为被害人的代理人,认为本案具备了抢劫罪的所有从重情节,无一从轻情节,可谓绝对从重。辩护律师竟说二被告人都是初犯、偶犯,可以从轻。反诘:初犯、偶犯是酌定从轻情节,生命只有一次!此类犯罪,岂容二次?如此较量中,绝对化地"封杀",法庭效果极佳。

庭辩中要收放自如,说出去的话能收回来,反驳的话能精准回敬。一定要让投出去的炸弹在对方阵地上爆炸。因此,律师要注意积累实战经验,探索庭辩规律,提高应变能力。要把问题想得更多、更深、更透,不要给对方留下反驳的余地。

【庭辩的礼仪】

辩论是双方精神的沟通和交流,是为了共同的信念和理想走到一起。虽然观点对立,但都是为了共同的崇高目标,所以,应该互相尊重、以礼相待。

仪式是人们沟通的形式和桥梁，礼节是不同观点交流的润滑剂。在辩论中，礼仪充分展示出求同的一面。双方都遵循同一个程序，为了同一个目标。反之，大家分道扬镳，就关掉了谈判的大门。

简言之，法庭辩论仪式是对立统一的外化形式，只有通过这种礼节仪式，才能保障双方的话语权，才能展开公平、客观、理性的辩论，才能让辩论双方充分发表意见。良好的讨论环境，可以最大限度地接近正确的辩论结论。

这是内容与形式的辩证关系。内容决定形式，形式反作用于内容。辩论的礼仪很必要。用礼貌的方式来讲理，用道理来表现正义，用正义的力量来撬动侦、诉机关既定的平衡，以保障当事人的合法利益。加强礼仪训练，"文质彬彬，然后君子"，养成一种谈吐教养。美是看得见却又挡不住的竞争力。很多律师在形式上吃亏，如律师在法庭上遭遇不愉快，甚至被追责，或多或少与礼仪有关。

礼仪之中必讲谦让。辩论是一个动态的过程，并非每句话都出自深思熟虑，难免出现口误。因此，对口误应持宽容的态度，对之予以理解。但对对方的口误并非一言不发，而是要点明，追问对方是不是说错了，向法庭释明。当对方抓住自己的口误时，要主动举手示意，告知大家刚才是自己口误，正确的内容应是什么。不要为坚持口误与之辩论。情急之中，口误难免，以礼让润之，彰显君子风度。

【庭辩的互动】

(一)与公诉人

庭审中,注意公诉人和被告人的发言,以便信手拈来,成为对己方有利的论据。对公诉人的发言,正可褒赞,负可批判。例如,公诉人强调言词性证据的"主观性",正中律师下怀。律师反击:公诉人在质证中一直讲,那些情节是供证一致。"供证"都是言词性证据,具备刚刚公诉人所讲的"言词性证据的主观性",你们说的"供"是什么"供"?是刑讯逼供的"供"?这个"供"证的一致,危害更甚。

当然,也要学会有效地吸纳和利用公诉人的发言。在交谈过程中肯定对方的观点,或向对方表示对部分观点的赞同,是释放善意,不仅会引起对方的注意、欣赏和尊重,也会使法官认为你很理性,不偏激。这不仅没有降低身份,反而是加分项,会增加认同感,提高观点采信率。

律师的"我反对",是辩证的否定——扬弃。质证时,对方的证据能证明对方的观点,这是肯定方面占优势。但同时能证明己方的某些观点,这里面必然包含否定因素。律师不能全盘否定这个证据,要注意扬弃,把有利的部分留下。应该说对哪一部分,或者哪一句话,甚至哪一点有异议。

任何事物内部都存在着保持事物存在的肯定方面和促使事物灭亡的否定方面,都是肯定和否定的统一体。要把合理的内核保留下来,这就是兼容性思维。

(二)与法官

律师在开庭前和法官交换意见也很重要。这能使律师提前掌握很多辩点和焦点,为庭审做好铺垫。对于法庭出具的庭前会议报告、归纳的案件争议焦点等,律师应当及时表达自己的主张和异议。庭上与法官的互动主要是按程序发言。严格遵守法庭纪律,也是与审判人员无言的互动。

对于证据三性,律师不能轻易认定其真实性,更不能对待证事实无异议。如遇公诉人有违反法庭纪律的行为,要及时提醒审判长予以制止。被告人在自我辩护和最后陈述时如被公诉人粗暴打断,并究问被告人时,律师不要直接与公诉人发生言语冲突,一定要举手示意审判长,请求其制止公诉人。律师维护法庭权威,审判长无法拒绝。

(三)与被告人

律师针对不同的被告人,也要采取不同的方式对待。有的被告人趾高气扬,火气十足,律师就需要给他们"降降火",在庭前培训一下,以免太张狂;有的被告人非常"蔫",这就需要律师庭前对他打打气。这就涉及律师和当事人之间的配合。

有些律师不方便讲的,可以让被告人讲,以强化或补全辩护观点。某案中,侦讯人员刑讯逼供致使被告人门牙断裂。被告人在庭审时说:"我牙齿的断裂伤一辈子也好不了,要带一辈子。这事要是说不清楚,将来出来后,和你们没完。"律师可作被告人发言的点评人,与被告呼应,以引起法官重视。律师可说:"如果被告将来就此申诉,断裂的门牙客观存在,是铁证。后遗症非常大。"

(四)与书记员

书记员将动态的庭审固化为文字。其不只是简单地固化文字,有时还会总结提炼发言者的语言。因此,庭审中与书记员的互动也不容小觑。与其互动,有明、暗两种方式。暗动,即发言时要条理清晰,放慢语速,以便书记员记录。这也是和书记员的默契。明动,更多体现在质证阶段,如果遇到重点,可明示书记员记录。

第四篇 实践篇

唯物史观告诉我们,人类社会的历史是在客观规律性和人的主观能动性相互作用的辩证关系中发展的。每一个人都在书写着自己的历史,同时,也在创造社会历史中发挥着独到的作用。这是历史的必然与偶然的辩证关系。律师对个案客观历史的追寻和评价,是对社会历史实践的参与,也是对社会历史发展的助力。

人不能孤立地存在,其实践只能是社会实践。而社会实践只能在具体的社会历史条件下进行。脱离社会条件的抽象实践"真空"是不存在的。司法实践亦然。律师的执业活动是在特定的社会历史条件下进行的,不可能超越历史的时空。因此,制约律师执业的不仅是案件本身,更有其所依赖的社会条件。如果说,案件本身是一个矛盾统一体的话,那么,决定案件运动发展方向的绝不仅仅是案件自身的矛盾运动,因为与之相关的其他社会矛盾也同时左右着案件运动发展方向,只是作用力的大小存在区别。故而,从哲学的视角看律师的实践,必然是社会的实践,是复杂的社会矛盾运动,而不仅仅是单纯的法律问题。这是本篇立言的宗旨。

正如辩证唯物论与历史唯物论是有机不可分的整体,学术理论和社会实践也是有机统一的。前面是对律师刑辩实务进行的"解剖学"探究,本篇展现的是刑辩实践"活体"的有机运作。理论研究是将办案过程抽象割裂开来,而实践运用则是动态的有机整体。

实践的过程是共性与个性统一的过程。切不可在面临复杂的案件时,机械教条,"以不变应万变"。这是对律师巅峰境界、宏观视野、全局掌控、运筹帷幄的高层次要求,也是匠人律师和哲人律师的重要分水岭。本篇将从社会实践的宏观视角,以案为例,揭示辩证思维在案件策划和运筹等方面的意义。

任何事物都不是孤立存在的,每一个案件不仅是内部矛盾(内因)的统一体,还与外部矛盾(外因)相互依存。所以,律师不能把目光仅仅停留在案卷和法律专业知识本身,在策划案件辩护方案时,要充分注意案卷之外的关联性因素。本篇以几件有社会影响力的案件为视角,以三种类型:社会型、职务型和普通型案件为示范,谈谈笔者的实践心得。

显然,这三种类型的划分是以案件以外的因素作为参照系的。前两类案件的案外因素导致其不是相对闭合的独立矛盾体,对其处理的社会效果明显重于其法律效果。因为它们都不是单纯的刑事案件,而是具有政治意义的社会性事件,对其作出的法律评价须充分考虑与社会效果的一致性。因此,律师在依法进行刑事辩护时,也要兼顾社会效果,要相应地制定切实可行的辩护策略,原则上宜在法律层面上立异,在政治方向上求同。

西安"6·24"案件,周某与城管发生冲突,致城管"一死八伤"。此类案件因公权和私权的紧张关系而敏感,社会舆论高度关注,关系社会稳定,故为社会型案件。

贪腐类案件属职务犯罪案件。此类案件由监察委侦办,往往以主观言词证据为主,且行贿人与受贿人系"同罪相连",行贿人一旦供出,则覆水难收;如若翻供,则自身难保。加之监察委为政治机关,也是司法机关的监督者,故一旦侦查终结,司法审理的程序化倾向明显。所以,在专业研判案件的基础上,必须充分考虑现实可能性,即辩护意见的实现可能性。注重实效,把坚持和妥协、求同和存异有机结合,张弛适度,深耕细作。总之,辩护伊始,策划为先,主攻方向明确,在实践中检验策略,不断调整,注重客户思维,以实效为导向,力求口惠且实至,最大限度地维护当事人的合法权益。从宋某受贿、滥用职权案和罗某受贿、私分国有资产案可以窥斑见豹。

张某杀妻案虽为当地轰动一时的命案,却是相对简单的刑事案件,可界定为普通型案件。其辩护的主要着力点在于案件本身的内部矛盾。外部影响因素较小,律师策划的重点在专业技能方面,将法律问题技术化,精力主要倾注在案件的证据和事实方面,心无旁骛地将专业技能发挥到极致。使该案被打造成河北省极具标本意义的疑罪从无案!

现将笔者亲历的几个不同类型的案件以办案札记形式与读者分享,从中体会对政治敏感度和法律精准度的把握能力,很大程度上源于超越法律专业层面的哲学素养。

这正是,"众里寻他千百度。蓦然回首,那人却在,灯火阑珊处"。

第八章 社会型案件
——以西安"6·24"案为视角

控辩对立越尖锐的案件,越会存在更大的同一性。找到这个同一性的临界点,并适度掌控,是辩护策略和艺术。律师讲政治,是与司法机关最大的求同!

大雁塔下,杜甫像前,《石壕吏》中的名句萦绕在脑海,挥之不去。或许是其意境暗合"6·24"案件吧!借用杜老前辈诗韵,聊抒心境:暮投雁塔村,因吏夜打人。老公陷囹圄,其妇守空门。吏呼一何怒,妇啼一何苦!……

2016年6月24日晚,个体商户周某因在城管执法过程中与之发生冲突,致城管等人员一死八伤,获刑11年。显然这是个成功的辩护案例。

本案属于社会型案件。现以写实手法,将辩护观点的形成和辩护谋略以及对本案事实的探索和思考全面呈现。

基本案情:2016年6月24日晚上9点多,西安市某区城管局某中队17名城管队员及协管员,分乘四辆执法车突然来到被告人周某经营的"老周家大灶台特色烧烤"饭店门口,在未出具任何法律手续的情况下,把烤肉炉直接抬上执法车予以扣押。

周某向城管队员索要执法手续时,城管队员拒不出具法定的扣押手续及执法依据,并将周某摁在城管卡车车厢上殴打。

周某被打到车下后,多名城管队员拿着带有铁钩的制式钢管一拥而上,继续追打。周某躲进自己的轿车后,多名城管队员持钢管打砸其汽车。周某发动汽车前行8—10米,欲摆脱城管队员的包围,在将人撞倒后停车。下车后,众多城管队员继续用钢管殴打周某。

周某跑到饭店拿了一把厨刀,冲出饭店,将刀举过头顶,驱赶行凶的城管人员。此时一名城管队员仍持钢管紧追并殴打周某。周某持刀还击,刺中该城管人员,该城管人员后经抢救无效死亡。

当晚城管人员携带了至少三部执法记录仪,但城管局方面称执法记录仪全部丢失。

此案在全国产生一定影响。某省电视新闻播放相关视频,西安市政府为此专门召开新闻发布会,将该案定调为暴力抗法,涉嫌故意伤害罪、以危险方法危害公共安全罪、故意毁坏财物罪三个罪名。

> 立场不同、角度不同、事实不同、评价不同。评价是由价值取向决定的,价值取向是由立场决定的。控方强调公共政策、社会治理的实体效果,辩方侧重于个人权利和程序正义。各司其职,法庭逐鹿,如何平衡?关键点在于对案件基本事实的认定以及城管执法过程中程序违法过错责任的评价!法院对于影响案件性质的基本事实是非常关注的。此案得益于现场视频证据和媒体的早期介入,使得案件事实的"还原度"很高,"山寨版"事实得以校正。控方也不能过度回避、掩饰。法官则可依据视频予以纠正,充分显示了客观证据的威力!

一、立场、观点和方法

(一)立场决定观点:四个"事实"

辩护观点形成的实质就是律师对案件的认识过程。所有的认识都是在实践中形成的。实践是主客观统一的过程。辩护观点就是在司法实践中形成的,控、辩、审三方不同的立场和角度会形成不同的认识和观点。司法实践是三方的认识矛盾对立统一的过程。

公安机关《起诉意见书》认定的事实:

2016年6月24日21时许,某执法中队长和某街道办带领17名城管执法队员来到"老周家大灶台特色烧烤"店,发现该饭店门前违规使用炭火炉进行烤肉,某中队依法对该饭店的烤肉炉进行暂扣查处。就在执法中队将烤肉炉抬上执法车准备离开时,该饭店老板周某闻讯驾驶自己的别克车来到店门口,登上了城管执法车,要求卸下被扣的烤肉炉子,并和车上的执法队员张某发生了撕扯。周某将张某压倒在车厢内进行撕扯殴打,被该中队吕某等执法队员强行拉开。从车上下来后,周某上了自己的车,开车撞向城管队员人群。城管队员对其车辆进行打砸并将其拉下了车。周某随后又进店拿了一把切肉刀,追打执法队员。在追打过程中,将执法队员冯某面部划伤,又持刀将城管执法队员李某背部捅伤。捅完李某后,周某用捅人的尖刀将四台执法车辆的轮胎全部刺破。李某被120送往武警陕西省总队医院,经抢救无效死亡。经司法鉴定中心鉴定,李某被他人用锐器刺伤背部,引起急性失血性休克而死亡。

检察机关《起诉书》认定的事实:

2016年6月24日21时许,本市某区某街道办事处联合本市某区城管局某执法中队在检查时,发现"老周家大灶台特色烧烤"门前违规使用炭火炉,遂依法对该店烤炉进行暂扣、查处处理。被告人周某在其家中接到该店员工电话告知情况后,遂驾驶其别克车赶到执法现场,即登上城管执法车辆要将其被暂扣的炭火炉要回,为此与城管执法人员张某发生撕扯,又与多名城管执法人员厮打。当被其他城管执法人员拉下车后周某从人群中冲出,驾驶其陕 AY4Y56 车加大油门向城管执法人群撞去,将城管执法人员王某等及围观群众撞倒,后被其他城管执法人员持械将车逼停。被告人周某下车后又跑进自家烧烤店里拿起一把刀,冲向城管执法人员,持刀划伤城管执法人员冯某面部,刺伤被害人李某背部。后被告人周某又指使并伙同其他四名被告人砸、毁城管执法车辆四辆(造成损失 27910 元)。李某被送往医院经抢救无效死亡。经法医鉴定:李某系被他人用锐器刺伤左背部,引起急性失血性休克而死亡。

辩护人主张的事实(依据监控视频):

2016 年 6 月 24 日约 21 时 09 分,某中队队长带领 17 名执法人员,按照西安市某区城市管理局出具的《西安市夜市摊点暗访检查实施方案》到周某经营的"老周家大灶台特色烧烤"饭店(以下简称周店)暗访检查。

店员见状,熄灭烤肉炉火,将炭炉等物品搬往店内。执法队员在未出示执法证件和扣押手续的情况下,直接强行将火炉搬上执法车,实施扣押。

21 时 15 分,店主周某闻讯驾驶橘红色别克车(车牌号:陕 AY4Y56)赶到现场。在周某向执法队员索要扣押手续时,双方发生撕扯。21 时 19 分,多名执法队员在车厢内殴打周某,其他执法队员围拢该车。周某挣脱后,多名执法队员手持钢管(长约 1.2 米,一端有弯钩)继续追打。

周某躲进自己车内,多名执法队员又手持钢管打砸汽车。周某驾车前行8—10米,被执法队员挡住去路。一名执法队员持钢管将周某的汽车前挡风玻璃砸碎,另一名执法队员持钢管打砸后挡风玻璃及车体。在执法队员打砸过程中,周某弃车逃向店内。

21时43分13秒,周某回饭店后,两名执法队员分别在周某店门前(周店并未因执法队员滋事而停业关门)持钢管打砸烧烤摊和殴打店员库某。

21时43分35秒,周某高举一把匕首(长约30公分),冲出饭店。两名执法队员仍持钢管袭击周某。周某挥刀防卫,伤及冯某头部(后经鉴定为轻微伤)。另一名执法队员(李某)从周某身后击打其脖子,周某向后防卫时刺中该队员左背部(该队员数小时后因急性失血性休克死亡)。

一审法院《判决书》认定的事实:

2016年6月24日21时许,某执法中队联合等驾坡街道办事处对辖区进行检查,发现"老周家大灶台特色烧烤"店使用炭火炉,遂以该店违规使用不清洁燃料为由决定对其烤炉进行暂扣,城管人员告知店员张某让其老板周某到街道办处理事情并将炭火炉搬上卡车。周某接张某电话通知后,驾驶其别克越野车赶到现场并将车停放在卡车尾部,随即登上城管执法卡车欲阻碍城管人员将其烤肉炉拉走,因此与城管人员张某发生争执,二人撕扯倒地,城管人员孙某、李某等四五人见状上车对周某实施了殴打。后周某下车驾驶其车辆冲向聚集在卡车车头位置的城管人群,行驶中将城管人员冯某、吕某、白某、王某及群众杨某撞倒,周某随即停车并下车,城管人员见状持钢管对其进行殴打,并打碎越野车前挡风玻璃。周某快步返回其烤肉店里,寻到尖刀一把,同时城管人员持钢管将其调料架砸倒,桌椅掀翻,并用钢管击打店员库某背部。张某见状持掏炉灰的铁棍向城管人员挥舞,打中城管人员李某右胳膊。紧接着周某持尖刀、王某持菜刀从店内冲出并冲向城管人员,其间,周某追上并划伤城管人员冯某面部,并向被害人李某背部捅刺一刀致其倒地,王某踩踏吕某头部,持刀背砍伤吕某背部,周某、孙某亦持械冲向城管人员,城管人员四散跑离。周某返回城管车辆停放处又指使并伙同其他四名被告人打砸四辆城管执法车,经鉴定,造成损失6878元。李某被送往医院抢救无效死亡。经法医鉴定:李某系被他人用锐器刺伤左背部,引起急性失血性休克而死亡;冯某、张某、白某、孙某、吕某、杨某的损伤属轻微伤;周某、王某的损伤亦属轻微伤。

可见,从城管执法到公安侦查,再到审查起诉,公权力机关对案件基本事实的认定没有实质性变化,呈现出"流水线"式的事实认定。

当辩护律师介入后,依据视频资料等客观性证据,从辩护立场和角度重新审视案件,以客观的视角来还原真相,与侦查、检察机关认定的事实在因果关系的认定方面大相径庭。监控视频对还原本案真相起到了"事实胜于雄辩"的作用。

辩方的立场和观点与控方不一致。由于控方主张与真相相悖,辩方则要付出更大的努力以还原客观真相。除充分利用监控视频资料外,笔者和段万金律师依法最大限度地运用司法程序赋予的救济手段,如庭前会议提出管辖权异议,证人、鉴定人员、现场勘验检查人员出庭作证,复制视听资料、讯问同步录像、非法证据排除等申请,对供词失实之处一一甄别,并依法提起行政诉讼等。经过充满"火药味"的庭前会议和庭审的多番较量,辩方的观点得到了一审法院的基本认同和支持,最终形成了基本满意的一审判决,为后续的二审工作打下良好的基础。

从起诉书(正)、辩护词(反)到判决书(合)的对比分析中看出:事实的还原正是在认识的矛盾运动中进行的,而且是朝着有利于被告人的方向进行的,反证了侦查、起诉机关对被告人之偏见,实现了辩护人的存在价值。

(二)方法直击"事实"

1. 十一份申请书

方法源于诉讼权利,诉讼程序为方法的合法性基础。根据《刑事诉讼法》的规定,庭前会议上,我们向西安市中级人民法院共提交了《管辖权异议申请书》《证人出庭作证申请书》《见证人员出庭作证申请书》《现场勘验检查人员出庭作证申请书》《鉴定人出庭作证申请书》《关于对周某涉嫌故意伤害罪、危害公共安全罪、故意毁坏公私财物罪庭审直播的申请》《要求复制视听资料、讯问同步录像申请书》《证据调取申请书》《非法证据排除申请书》《悬赏证据申请书》《移送管辖申请书》十一份书面申请书。这一系列的合法申请,有效地动摇了控方的指控信心,打破了公检法对此案形成的内部认知平衡。

2. 比对视频,还原真实口供

通过对视听资料和侦查笔录的认真比对,可看出审讯视频中所有对周某有利的关键供词,被人为歪曲和篡改,反映了公安机关在调取证据过程中采用了"一边倒"的方式,严重歪曲事实,偏袒城管一方。审讯视频还原的客观事实和公诉人主张的事实存在严重不一致,直接影响了本案的定罪量刑。辩方在审讯视频的佐证下,尽可能还原案件真相,避免一审法院认定的事实出现严重偏差。

具体做法是:在庭前会议上,与公诉机关达成共识,依法排除了几份没有同步视频的被告人供词。唯一一份有同步视频的被告人口供,因关键情节严重背离了被告人真实口供的本意,遂制作并在庭审质证阶段出示了"比对稿"。

"比对稿"当庭出示后,彻底动摇了控方构建的"事实"基础,然而,公诉人在质证时竟然宣读庭前会议上已经排除的没有同步视频的被告"供词",显然是意气用事。特别需要指出的是,法庭制作的《庭前会议报告》中已经明确否定了其宣读的"供词"。辩护人以该报告为依据,提请合议庭注意:该"供词"不具备合法性,拒绝质证。一审判决中当然地未将该"供词"作为定案依据。

二、策略与格局

在"社会型"案件的审理中,辩方作为私权的代表,要重策略,抓重点,讲政治,运筹帷幄,运用其专业的法律知识、精湛的实践技能以及敏锐的逻辑思维能力,在与公诉方实力悬殊的现实条件下,尽最大可能地在控与辩的较量中实现对案件事实的新的认识。

策划是辩护艺术的综合运用和集中体现,是案件代理的前提和基础,是成熟律师的基本工作方法,是对案件代理价值的评估,是案件辩护的蓝图。策划是相对独立的代理阶段,是从感性到理性认识的一次飞跃。策划是动态的,及时修正是策划的题中应有之义。"凡事预则立,不预则废",对于较为重大、复杂、疑难的案件尤其如此。许多案件的败笔往往是缘于在案件辩护的起步阶段没有缜密的策划,导致出招失误,全盘皆输。

策划的首要问题就是确定案件性质类型,研判其特殊性。注意正确区分不同性质的矛盾,针对不同类型的案件制定不同的辩护策略。和其他事物一样,每一个个案就是一个矛盾统一体,有自身矛盾的特殊性。这是事物的个性。对不同个性的案件要有不同的策略对应,以求共性与个性的有机统一。所以,每次面对一个案件,首先要分析研判其矛盾性质的类型,然后有针对性地制定整体辩护策略。

(一)上兵伐谋,先声夺人

"上兵伐谋",即对此类案件要讲谋略。律师相对公诉一方是弱势的一方,所以,谋略是律师的预案"锦囊"和行动指南,"悬赏执法记录仪"是本案的重要谋略之一。十几台执法记录仪全部丢失,其中人为操控痕迹太重了,显然是城管部门欲盖弥彰。在庭前会议上,辩护律师根据《西安市城市管理综合行政执法局执法记录仪使用管理规定》提出,行政执法是必须有执法记录仪的。遂请求法院在案发现场悬赏寻找执法记录仪,赏金由被告人负担。法院同意辩护律师自行悬赏,于是辩护人在案发现场附近的电线杆上张贴寻找执法记录仪的悬赏告示,并在自媒体上发布消息,立即引发了社会舆论的高度关注。司法机关敏感地意识到虽然事隔两年,但社会对此案的关注度没有降低,可谓"涛声依旧"。同时,也是提醒法院,执法记录仪全部丢失是极不正常的。这个巧妙的取证,是低调的"强调",适时的"敲打"。

此前,对于本案的认知已处于平衡状态。司法机关显然不想在社会舆论的风口浪尖上办案。用悬赏"执法记录仪"以石击水,旨在打破公权一方既有的认知平衡。律师是司法理性认识的反方存在,如果不逆向过滤公、检、法同向认识的"流水线",就难以形成对私权有利的、公正的裁判趋势。

执法记录仪作为客观证据,本来可以帮助我们尽最大可能还原客观真相,作出一个精准的判断,但城管方均不提供。全部丢失不合情理,是理亏的表现。悬赏执法记录仪的告示在案发地一经张贴,立刻引起社会舆论的波澜。庭前会议不仅拉开了庭审的序幕,也让辩方可以先声夺人!

悬赏执法记录仪的举动迅速引起了社会的关注,打破了平衡。此举的高明之处在于是以合法的形式和途径进行的。在公权和私权明显对立的社会型案件中,如果没有私权方面的声音和社会支持,不利于案件的公正处理。仅凭辩护人的力量很难抗衡,需要社会力量的支持。这次"悬赏"动作,表明吸引社会关注的主动权掌握在辩方手中,这为本案的公正审理营造了有利的外部条件。辩方有了主动权,控辩双方就在庭内庭外形成了一种公权与私权的初步平衡。

(二)政治互信,求同存异

矛盾的斗争性不能大于同一性,否则,矛盾统一体就破裂了。这是兼容性思维。控辩对立越尖锐的案件,越会存在更大的同一性。找到这个同一性的层级和边界,适度掌控其临界点,运筹帷幄,是辩护策略和艺术。政治格局和法律精神,应是辩护律师与司法机关的最大同一!社会稳定是本案最大的同一性,最大的公约数就是社会适度关注。所以,讲政治,甚至突出政治格局,是最大的求同,也是本案共识的制高点!

辩护人始终高举中共中央相关司法改革精神的旗帜。庭前会议上,几乎都在引用中央关于严格行政执法程序的具体要求,并且邀请我国行政法学界著名专家学者出具论证意见,对本案进行深入的分析论证,以其深厚的专业素养,独特精辟的见解,就案件事实和法律适用提出客观公正的意见,以供法官参考。

代理敏感案件时,要从党和人民利益的一致性出发,站在社会正义、人民利益的高度,从党的文件精神中找出同一性依据。中共中央文件的说服力和穿透力是胜于雄辩的法宝。所以,找到最大的共同点,与司法机关产生强烈的政治共鸣,取得法官的认可和支持,是"社会型"案件刑事辩护的基本手段和目的。

二审阶段,我们和法官进行了一次深度的交谈。当讲到"你希望我不要接受采访,我也希望不通过炒作,只依靠司法理性的独立判断,就能得到公正解决,我们共同努力,让这个案件成为一个典范"时,二审法官对此表示极大的认同,他也表示城管的暴力执法行为危害极大,此风不可助长。可以说,律师和法官有心照不宣的默契,共同谋求公权与私权的平衡点,当是辩护的最佳状态。二审虽然没有改变本案的事实和定性,但对周某减去了一年刑期。

此案的辩护充分体现了辩证思想,辩护技艺达到了精微之境。律师的决胜岂止在法庭,更有庭外的运筹帷幄。

三、焦点与探索

(一)焦点与亮剑

本案的辩护焦点在于被告人是否构成正当防卫,而正当防卫的前提条件须是针对不法行为,即在本案中城管执法没有按照行政执法的程序进行。显然,确认城管执法行为的非法性,是主张正当防卫的前提条件。为此,周某委托辩护人向西安市铁路运输法院提起行政诉讼,要求确认城管执法行为违法,并要求行政赔偿。(虽然因超过诉讼时效,最终没有得到支持,但重要的是行政诉讼立案了)此举表明辩方勇于亮剑,善于运筹,让城管行政行为的违法性昭然若揭,彰显辩方理直气壮。这是向西安市中院刑庭和社会释放的一个强烈的信号:行政机关违法在先,周某防卫有据。

城管超越职权、滥用职权、暴力执法是导致周某奋起防卫的直接原因,是本案的直接导火索。若城管按照程序执法,就不会导致周某感情冲动。如果周某前去质问时,城管不使用暴力,危及周某生命安全,周某也不敢持刀反抗。试想一个手无寸铁的百姓怎么会主动向数量十倍于己的城管人员动手呢?可见,本案中的主要矛盾不是执法与抗法的矛盾,而是滥用职权的犯罪行为与公民依法正当防卫的矛盾。本案中,城管的暴力行为超越了执法权力,演变为严重侵犯公民人身权利的犯罪行为,直接引发了公民周某的正当防卫行为。所以该事件应定性为城管暴力侵权,滥用职权。而周某的行为是针对城管不法侵害的正当防卫。

周某虽使用暴力,但他"抗"的是不法行为。周某经营露天烧烤的行为违反了环境治理的相关规定,是存在过错的。城管的执法行为,无论程序是否合法,都是在执法。可是当周某上车理论时,执法人员对其进行殴打,就是侵犯公民人身权利的暴行了。对此事实,视频为证,毫无争议。所以城管应该对事态的扩大、矛盾的激化和事件性质的转化承担全部责任。因此我们提出了正当防卫的辩护观点：周某不是对执法行为的"防卫"，而是对城管威胁其生命的严重暴力侵权行为的防卫。从殴打开始，事件的性质就发生了变化，矛盾性质转化了。城管由执法人员的主体身份已经转化为暴徒。

城管和周某是矛盾统一体。在统一体中决定事物发展趋势的是城管，城管是矛盾的主要方面，决定了矛盾的性质和趋势，应承担主要责任。因此，周某的行为具有正当性，是依法保卫自己的生命和财产安全。矛盾的性质是不断变化的。城管先前的执法活动是违反程序的执法，但施暴之后的行为已经是一种不法行为，周某的反抗和防卫是发生在城管实施暴力行为之后，而不是在执法活动中。

以上观点得到了合议庭的重视。一审法院判决认定城管方对矛盾的激化负有"严重过错责任"，周某因触犯以危险方法危害公共安全罪、故意毁坏财物罪、故意伤害罪三个罪名被判处11年有期徒刑。

此案判决虽然没有认定周某的行为属于正当防卫，其实也充分考虑了防卫因素。但是从法理上看还是值得商榷的。难道公民在面对执行公务时危及自己人身安全甚至生命的暴力执法不能行使防卫权利？生命不可复制，岂可事后救济？所以，主张正当防卫不仅仅是辩护策略，是"为开窗喊掀房"，也是在对本案认真分析研判之后得出的慎重结论。相信随着人们对正当防卫的正本清源，回头再看本案的定性，或许会达成共识。

(二)探索与思考

周某案起诉书中的城管"依法",系认定事实错误。执法人员未依法扣押,属违法行政、暴力执法。强调这个问题,一般人认为是在强调受害人过错。然而,这不仅仅是受害人过错的问题,还直接影响被告人的行为是否构成正当防卫。因为对执法活动是不能防卫的,但是对没有任何执法依据的所谓"执法行为",而且在执法过程中采用暴力手段,更有甚者这种暴力侵权足以危及生命时,是可以正当防卫的。

本案所涉的行政行为的公定力是相对的,其行为的合法性并未得到最终的确认。行政行为的公定力,是由行政诉讼确定的,而不能在刑事诉讼中判定。换言之,行政行为是否合法能否由刑事法庭认定?法律并没有赋予检察院对行政行为的合法性进行判定的权力,起诉书中说的"依法"是相对的,应由行政庭或行政法院作出裁定,不能在刑事诉讼中涵盖对行政行为的裁判。因为不存在刑事附带行政诉讼程序,只有刑事附带民事诉讼程序。行政行为不是好坏是非问题,而是合法不合法的问题。民事和行政行为的过错升级,就会构成刑事案件。本案合议庭在审理中认真听取上述辩护意见后,很期待铁路法院对其行政行为的合法性作出司法判断。遗憾的是,由于该案进入刑事诉讼,行政庭以超过诉讼时效为由,作出不予受理的裁定。

由此引发了两方面思考。一方面,行政行为的合法性能否由刑事法庭在刑事诉讼中进行审查、是否有权审查,换言之,它们作出的审查和判定是否有效?另一方面,从行政诉讼角度说,能否因为该案件进入了刑事诉讼程序,行政庭就对行政行为的合法性不作判定,对由行政行为过错或违法造成的财产损失就不予受理或不予救济。

处理行政诉讼和刑事诉讼交叉问题在《刑事诉讼法》和《行政诉讼法》中存在空白,而现实中交叉情形大量存在。周某案涉及正当防卫定性问题,直接影响定性和量刑,对公民人身权利有严重影响,这一问题应引起立法机关的高度重视。在立法机关对此问题未作出明确规定之前,司法机关应考虑如何解决现实中存在的程序缺失,保障相关法律的正确实施,以维护公民的合法权益。

西安市"6·24"案件是充分体现哲学素养的一次辩护的实践,极具标本价值。所谓"法律在于经验,而不在于逻辑"。在笔者看来,此处的经验是指实践经验,法律也并非"不在于逻辑",而在于实践中的客观逻辑。实践的过程是共性与个性统一的过程。只有在实践中不断提出和解决新的问题,才能激活法律的生命力。

【辩词精要集锦】

1. 辩方当庭出示城管执法的"钢管",以作为暴力执法的凶器。

控方质证:这是行政执法的工具。

辩方反驳:所谓的执法工具,你用这个工具打人了吗?如果用这个工具打人了,还不叫凶器的话,那么周某捅人的那把刀,是从厨房拿出来的菜刀,就是烹饪工具。正是因为用它捅人了,所以是凶器。在本案具体的场合,被告人捅人的菜刀成了凶器,而你所谓执法的工具,打了人,仍然是工具。这种说法是双标,犯了严重的逻辑错误,彼为工具,在此则为凶器。

2. 周某对城管是"追打"还是"驱赶"?

辩方提出:追打和驱赶不是一回事。之所以说是驱赶,因为双方各持凶器在对峙。周某拿着刀,两名城管还向前逼近,并且还用钢管殴打周某,所以我认为是"驱赶",因为这就像正常防卫,一开始不想伤害你。如果想捅,就不用对峙了。

3. 执法程序合法问题。

控方提出:任何一个老百姓,只要城管给他一个袖标,就可以上街维持秩序,根本不需要考取执法资格证,也不用熟悉辩方提出的所谓一系列执法程序。

辩方反驳:行政管理和行政执法不是一回事。公诉人的说法,明显是混淆了概念。公诉人说的是一般性行政管理,如维持秩序等,这不是行政执法。如果涉及与公民人身和财产有关的执法活动,是要严格按照相关行政程序法进行的,而且这些执法人员需要考取执法资格证。由此可见,在行政法方面,公诉人应当加强学习。

4. 严正抗议。

控方提出:辩护人丧失立场,为坐在被告席上的人出言不逊,信口雌黄。

辩方反驳:我抗议!坐在被告席上的人就是罪犯吗?为被告人辩护恰恰是《律师法》赋予我们的职责,没有被告人就没有律师存在的必要,我想也就没有检察官存在的必要。他作为被告,需要我们依法查明他是不是罪犯,最后由坐在中间的法官来裁决。我们不得对他有任何人格歧视,维护被告人的人格尊严是辩护人的职责。

5. 何为栽赃。

控方提出:辩护人栽赃城管人员是暴徒。

辩方反驳:提出城管人员行政行为违法是公民行使监督权的体现。城管的行为,让我们完全有理由怀疑其不是依法行政,而是暴力执法。城管因此转而成为暴徒,这叫栽赃吗?栽赃是无中生有。城管拿着钢管殴打他人,这叫栽赃吗?视频为证,铁证如山。城管人员的不法行为,给国家、公民造成重大损失,可能构成玩忽职守、滥用职权等犯罪,所以我说不法行为一点也不过分,甚至可以说涉嫌构成滥用职权罪。

第九章　职务型案件
——以贪腐案件为视角

对于贪腐案件,首先要深入案件的客体之中,在掌握了基本事实之后,再以主体的超然意识驾驭案件,不可被客体左右,要形成主体的独立判断。这是对案件认识的否定之否定。

律师的辩护不能口惠而实不至。落到实处,是初心与使命的统一。

由于监察委为监察机关,贪腐案件由其首先介入,基本成型后才进入司法程序。监察机关和司法机关存在微妙关系,可以说此类案件的辩护是在二者的夹缝中进行的。所以,坚持法律的原则性和策略的灵活性,实现政治效果和法律效果的有机统一,方可在"鱼"和"熊掌"之间求得二者兼得的最大公约数。贪腐案件辩护策略的谋划考验着辩护人的格局和智慧,体现律师的哲人气质。

策略是辩证方法论在实务中的出神入化,神来之笔往往是对现实的妥协和对法律的灵活运用。现实中,案件的侦查质量参差不齐,有些事实似是而非,一概否定不可能。所以,实践必讲实效。但是,做到原则性和灵活性的有机统一,才是识时务者。一些案件介于罪与非罪、重罪与轻罪之间的灰色地带,还有一些案件程序上严重违法,可能影响实体公正,但还不能进行非法证据排除,一经捕、诉,在法院作无罪处理几无可能,往往导致僵持不下。考虑到我国审判中的现实问题,不宜坚持绝对否定,而应采取辩证否定,留有"尾巴",给侦、诉机关留有面子和余地的处理方法,让法院尽快将案子"消化"掉。这些处理方案和思路,可在辩护意见之外向法官另行提出处理建议。辩护人切忌哗众取宠,但求实事求是。这看似"小聪明"的谋略,却也是"与人方便,自己方便"的司法大智慧,是"临门一脚"时的"锦囊妙计"!

第一节 宋某受贿、滥用职权罪辩护记

与前述西安捅死城管的周某案不同的是,前"全国优秀县委书记"宋某受贿一案虽是重大敏感案件,却属于职务犯罪型案件。前者可以借助社会舆情形成辩护的外围助力,而后者因舆情不利于涉腐官员,辩护空间极小。

由于嫌疑人已主动招供受贿事实,且已退赃,因此,受贿罪部分的辩护难度很大。但是,宋某涉嫌的滥用职权罪被成功"拿掉"的经验是值得总结的。

【案情简介(起诉书和一审法院认定的事实)】

某房地产开发有限公司在开发建设小区时,违规增建。时任某市城乡规划局局长的宋某决定对此违法建设行为按照建设工程造价的7%的标准罚款158.26万元,

但违反了住建部《关于规范城乡规划行政处罚裁量权的指导意见》中应罚没其违法获利的规定。经评估认定,违规增建需补缴土地出让金798.96万元,增建面积违法所得利润为5475.96万元,而该房地产开发有限公司违法获取的利润和应上缴的土地出让金至今未上缴,给国家造成重大损失。宋某应负主要领导责任,涉嫌滥用职权罪。

【辩护策略】

策划是辩护工作的前提。

先确定辩护目标,进而确定辩护方案。本案中宋某涉嫌受贿罪和滥用职权罪。就受贿罪而言,对指控的绝大多数受贿事实被告人自愿认罪,且案发前主动退赃。虽对部分受贿事实的证据或定性有异议,但其数额对量刑没有影响。因此,对受贿罪的指控不是辩护的主攻目标。宋某对指控的滥用职权罪不服,律师经阅卷发现,指控该罪适用法律不当,辩护空间较大。于是,将该罪确定为辩护目标。

洞察辩护重点。宋某在主持工作期间就该公司违规建设的处理方案曾向市政府逐级请示、报告,各级市领导均有肯定性批示,宋某就此再三申明,侦查机关也调取了这些文件材料。而公诉方指控宋某构成滥用职权罪,表明其认为这些因素并不影响定罪。显然,如果辩护意见局限于此,则不能形成足够有力的反驳。这就要求辩护重点不要局限于公诉人已知的辩解层面。须由表及里,全面剖析深层原因,拿出"硬核"的辩护理由。

滥用职权罪虽属刑事案件,但以违反行政法律法规为前提条件。如果宋某的行为符合行政法规,则是对该罪的釜底抽薪。因此,辩护重心应下沉,从行政法入手,在刑法落脚(实践表明,这应是刑、行交叉案件辩护的基本模式)。本案辩护重点在宋某的行政行为的实体合法性上,而其逐级请示的程序合法性仅作为辩护的理由之一。这对于公诉人而言,大为意外。结果,不仅庭审效果极佳,而且辩护意见被法院完全采纳,成功实现了辩护目的。

可见,对于此类案件,在起步阶段就需要缜密的谋划。辩护未动,策划先行,主攻方向明确,结果也就事半功倍。战略意图明确后,才是局部战术的较量。集中兵力,区分主次,出奇制胜。

谋划要有超然之视野和本质之洞察力。不能孤立、片面地看问题,不能局限于卷内材料和刑法条文。案件是客体,首先要深入进去,了解基本事实,然后再以主体的超然意识,驾驭案件,不能被客体所左右,要形成主体的独立的主观判断。这是否定之否定的认识过程。

【辩护意见】

从行政法学角度看,住房和城乡建设部发布的《关于规范城乡规划行政处罚裁量权的指导意见》(以下简称《意见》)不属于法律、法规和规章,仅是部门规范性文件,是典型的行政裁量基准文件。任何裁量基准文件都不可能穷尽具体行政执法中的各类情形,因此《意见》只是权威指导,不是对所有执法行为是否合法提供答案的万能指引。这就决定了下级规划部门执行《意见》的规定时,可以进行变通。但下级进行变通,应当充分说明理由,并报请上级批准。

房地产开发公司开发楼盘的临近小区人口密度大且住宅老旧,居民想借此机会搭"顺风车"以改善生活环境。但开发公司经过可行性分析,认为如果开发,要遭受6000万元的损失。在居民不断上访的压力下,政府为了维稳,只能和开发公司约定将此老旧小区纳入开发范围,政府作为征迁主体,由开发公司代为承担出资义务,作为补偿,开发公司可以加盖10层建筑,以弥补6000万元的损失。政府对开发公司增建行为的收益,不应罚没。这个过程实际上是用土地开发增值的新增利益,吸引企业参加旧城改造工作,从而实现政府、企业和原有居民"三赢"的局面。开发公司违章建设属于行政执法的特殊情形,在执行《意见》等规范性文件时,应予以适当变通。如果只盯着开发公司擅自提高容积率的违法行为给予严厉处罚,既是不公正的,也是违反法治精神的。

宋某作为某市城乡规划局局长,在行政执法过程中发现严格依据《意见》进行行政执法,可能会导致严重执法不公,因此签发相关请示文件,向上级请示,变通执行上级有关行政裁量基准指导性文件,符合行政执法一般要求,是合法合理的。

滥用职权罪侵犯的客体是国家机关的正常活动,使国家、集体和人民遭受重大财产损失。从本案的实际效果来看,市城乡规划局针对开发公司违规建设实施的行政处罚,尽管减少了罚金收入,但是比较稳妥地解决了旧城改造中的矛盾,不仅维护了社会稳定,还让拆迁群众顺利搬进回迁房,社会效益和经济效益显著。相较于针对开发公司"一刀切"执法,本案中的行政处罚行为不仅没有造成损失,而且促进了社会和谐和经济发展。基于此,宋某也不构成滥用职权罪。

此外,《河北省行政执法过错责任追究办法》第13条明确规定"行政执法机关在依法经过批准的探索性、试验性的执法创新过程中出现的行政执法过错行为,不予追究行政执法过错责任……"。被告人在处理回迁房项目违规开发建设历史遗留问题过程中,没有机械适用住建部《意见》第8条第(四)项"对不能拆除的,没收实物或者违法收入,可以并处建设工程造价10%以下的罚款"的规定,其主导的采取不予"没收实物或者违法收入"的处理办法,应当属于探索性、试验性的执法创新,并且经过了市政府主管副市长和市长的批准,依法不应当追究其法律责任。被告人宋某主导创新地处理回迁房项目违规开发建设历史遗留问题的经验还在全省得以推广。

此案核心问题是,开发商的加盖行为并没有给国家造成损失,相反,是由开发商代政府履行义务的行为,两者相互抵消。没有损失何来滥用职权,这是行政执法行为的创新探索,并非犯罪行为。

【审判结果】

二审法院最终采纳了律师的辩护意见,相关判决如下:

关于上诉人(原审被告人)宋某和辩护人提出"原判认定上诉人犯滥用职权罪部分,辩护人提交的有利于上诉人的证据及观点均未显示,其不构成滥用职权罪"的上诉理由及辩护人的辩护意见,经查,某市城乡规划局对某房地产项目的处罚虽然违反住建部《关于规范城乡规划行政处罚裁量权的指导意见》的规定,但此项目中含有旧城改造项目,该文件是针对商品房制定的处罚规定。根据《某市城乡规划局关于部分房地产开发项目违法建设情况的报告》第1条的规定,对回迁房建设项目的违法建设行为,可适当从宽处理,对满足日照、间距等规划技术要求的项目,处建设工程造价5%以上10%以下的罚款,补缴土地出让金差价后,可补办有关规划、房产登记等手续。某市城乡规划局根据现实情况作出了处罚决定,且处罚幅度在规定幅度之内,整个过程都层报市政府领导批准,这种做法是为了处理回迁房项目违规开发建设的遗留历史问题,且未造成不良社会影响。综上,上诉人(原审被告人)宋某在履行行政职责过程中虽存有过错行为,但不应认定上诉人宋某的行为构成犯罪。对上诉人宋某上诉理由及辩护人该辩护意见,本院予以采纳。

> 对于职务犯罪,侦查人员在调查取证时往往急功近利。我们不仅应该在程序上找毛病,还要树立重点性思维,如贪腐案件是否可以"拿掉"滥用职权罪、玩忽职守罪等,避免数罪并罚。还有在同一个罪名项下哪些有辩护空间,哪些是事实不清、证据不足,要分门别类,不要到处乱使劲,并且要充分与被告人沟通意见。职务犯罪极易出现刑讯逼供、笔录雷同的情形,要关注非法证据排除问题。

第二节 罗某受贿、私分国有资产罪辩护记

【案情简介】

罗某,是我国新闻界落马的高级官员。因在任职期间涉嫌受贿罪和私分国有资产罪,被判处有期徒刑16年。

检察机关指控,罗某在任人民日报社某分社社长期间,利用其职务上形成的便利条件,通过其他国家工作人员职务上的行为,为开发商谋取不正当利益并收取好处费3440万元,涉嫌受贿罪。请托事项主要有:第一,某城市规划将某村规划为公园和绿地,但该规划未对当地居民生产、生活做出妥善安排。罗某向该市市委、市政府签发动态专报,引起政府重视。第二,某开发商以提高土地资源利用率为由,向市规划局提出增加容积率的申请,相关负责人予以拒绝。经罗某找有关领导协调,该项目申

请依法定程序讨论通过。第三，某公司欲参与某项目开发，与当地区政府商定签订协议，并缴纳了保证金。后区政府迟迟未签订书面协议，该公司因担心区政府可能要违约，找到罗某帮忙。罗某利用自身影响找到相关领导沟通，明确提出区政府要么履行协议，要么退还保证金，最终区政府与该公司签订了书面协议。

另外，检察机关指控罗某连续三年违反人民日报社禁止发放年终奖等奖金的财务管理规范，为本单位职工发放奖金380余万元，涉嫌私分国有资产罪。

【辩护意见】

1.（斡旋）受贿罪。

根据法律规定，（斡旋）受贿罪以"为请托人谋取不正当利益"为要件，包括请托事项本身是否正当和是否要求其他国家工作人员违法办理。

在此需明确，利益是否正当与被告人是否收取请托人好处费的不正当性无关，不能因为被告人收受请托人的财物或利益，而认定请托事项一定属于"不正当利益"。如果属于"正当利益"，即使收受请托人财物也不构成本罪；如果属于"不正当利益"，又收受请托人财物，则构成本罪。

本案中罗某接受的请托事项本身均具有正当性。因为这些事项有的涉及民生问题，有的涉及政府是否依法行政问题，有的涉及城市建设是否提升城市形象和品位等问题。站在国家政治、经济和社会发展的大局，针对请托事项,罗某的选择是立足历史和时代背景,根据党和国家的方针政策来综合考量的。因此,不宜将请托事项认定为"不正当利益",且罗某并未要求受托人违反程序办理,故不构成"为请托人谋取不正当利益",指控罗某构成(斡旋)受贿罪不能成立。

2. 私分国有资产罪。

根据《刑法》规定,私分国有资产罪,以违反"国家规定"和涉案资产系"国有资产"为要件。

第一,指控罗某发放奖金所违反的规定,明显不符合刑法关于"违反国家规定"的要求。《刑法》第96条规定:"本法所称违反国家规定,是指违反全国人民代表大会及其常务委员会制定的法律和决定,国务院制定的行政法规、规定的行政措施、发布的决定和命令。"

起诉书指控罗某违反了报社根据财政部、人力资源和社会保障部文件精神下发的禁止发放年终奖等奖金的财务管理规范,这些都是国务院所属部门的规定,不属于《刑法》第96条的"国家规定"。

第二,从奖金的来源、提供奖金的单位的性质和国有资产产权界定程序等分析,本案发放的奖金不宜认定为国有资产。

第三,根据党内法规、权威刑法学专家论述、审计法律法规,不宜认定被告人构成私分国有资产罪。

故指控被告人构成私分国有资产罪不能成立。

但一审法院并未采纳以上辩护意见,并作出无期徒刑的宣判。罗某上诉。

【策略调整】

二审法院审理期间,辩护人继续坚持认定罗某构成私分国有资产罪缺乏"违反国家规定"的法定必要条件。经与高院交换意见,感到由于该案是职务型案件,反腐斗争正在高压态势中,二审改判无望。法院对上述辩护意见非常重视,却实难采纳,其无奈和尴尬体现在二审判决书中。

二审法院对辩护人关于罗某发放奖金,并未"违反国家规定"的辩护意见做出了肯定性回应:"辩护人所提报社制定的相关文件和规定不属于国家规定范畴的意见属实,但不影响对罗某构成私分国有资产罪的认定。故该辩解和辩护理由不能成立,本院不予采纳。"

这说明二审法院已经意识到此罪适用法律不当,但又不便拿掉,只好在量刑上做柔性处理。

因此,我们预判案件审理结果的现实可能性,权衡利弊,征求罗某的意见,及时将辩护策略由无罪辩护调整为罪轻辩护,以求在当时的条件下,采取妥协的办法,为当事人争取最大的利益,使年近六旬的罗某在其有生之年还能回归家庭和社会。

罗某对辩护策略的调整表示认同。综合罗某在二审期间认罪悔罪、积极退赃的表现,二审法院依法从轻处罚,最终判处罗某有期徒刑16年。

【掩卷深思】

罗案中诸多辩点,不一一罗列,仅就其中私分国有资产罪项下的辩护意见来看,从二审法院的判决书中就能看出此类案件中法官采纳辩护人意见时的纠结。

在职务型案件中,律师有着自己的无奈,法官亦然。回顾本案辩护历程,律师在一审中鞭辟入里、翔实充分地阐述自己的观点,进入二审程序后,就要根据一审法院认定的事实和法律依据,调整策略,为被告人拿出一个具体的切实可行的处理方案。从辩护方案变成处置方案,通俗地讲,就是"落地"了。律师会竭尽所能为当事人争取一个好的结果,这个结果或许是无情的,或许是无奈的,但的确是目前现实条件下最好的。

刑事辩护除要依法、合理外,还要"实惠"。换言之,律师的辩护一定不能口惠而实不至。一旦经过二审,判决结果便不可随意更改。此时辩护策略似乎已显得不那么重要,落到实处才是口惠中的"惠",这是一切策略的根本追求和最终落脚点。

从唯物论的角度来看,案件所涉及的现实中错综复杂的政治关系等是社会存在,依据事实和法律策划的处理方案是社会意识。社会存在决定社会意识。处理方案随社会现实的改变而更改,不是向现实的屈服,而是与现实相统一。尽管可能委曲求全,但于被告人而言,是现实时空里兼顾社会效果和法律效果的主客观统一的最好结果。

从认识论的角度来看,实践是检验真理的唯一标准。但实践可能也不完美,不断适应社会条件,及时矫正辩护观点,这是一个动态的认识过程。

从辩证法的角度来看,辩方和控方是矛盾的对立面,作为中立方的法院,和辩方也是矛盾关系。不同之处在于,前者是正面对立,后者是侧面的。在二审矫正过程中,辩方和法官要尽可能实现意见的最大统一。罗某案中,面对合法、合理的辩护,二审法官在职权范围内已经释放了最大的善意,最终和控辩双方寻求了一个较好的审判结果。

第十章　普通型案件
——以张某故意杀人案为视角

从哲学视角俯瞰律师实务,会有顿悟之感。

本文是当年发表在《中国律师》杂志上的律师实务经验性文章,现将主要辩护观点和执业技能提升至方法论层面,让读者从中感受哲学素养与律师执业技能的有机统一。

本案是"我省(河北)在刑事审判领域中先进司法理念渗透的一个典范。业界共同的认识是,以张某案为代表,今年以来,我省司法实践中,疑罪从无理念已经深入人心,而重证据轻口供的证据认定方法,也正在让刑讯逼供逐渐成为过去。在此基础上,业界认为剖析张某案,极具标本意义"。这是2005年12月25日的《燕赵都市报》以《"杀妻案"主角二审被判无罪》为题,报道本案时的评语。

【因疑接案】

当事人家属对案情的了解基于一份对本案侦破作了全程报道的《牛城晚报》。

2000年1月22日《牛城晚报》以《正义与邪恶的较

量》为题目刊登了报道,据张某供述:1999年10月15日14时到家,我看见妻子王某正在午休,便直奔北屋从立柜底下抽屉里拿出一把电工刀藏在身上,然后谎称"外面有人要灯泡"将妻子叫醒,王某穿拖鞋到存放灯具的东屋,我尾随而入,妻子呵斥我出去。我在门外转了一圈,后又谎称"还要两个后尾灯罩",妻子二次进屋,我又尾随,再次遭呵斥。于是,我用胳膊箍住妻子的脖子,她欲大声喊叫,我便将她活活掐死,把尸体头南脚北放在屋内东南角,然后抽出电工刀,将刀片和锯片同时支起,先冲脖子上狠狠地割了一下。我听说死人瞳孔会存有杀人者影像,我又对她左眼刺一刀,右眼刺两刀,然后把箱子锁撬开,扔在箱子里,再撬开方桌抽屉吊扣和条几橱吊扣。为预防别人报警,用剪刀将电话线剪断……张某供述的杀妻动机是:妻子长期以来不拿我当人待,歧视我,孩子也瞧不起我。

  看完报道,笔者发现疑点重重,初步判断张某不是凶手。第一,杀人须有缘由,夫妻之间如没有不共戴天之仇恨,因一时冲动一般不会导致杀人。在本案中,张某与其妻子之间没有实质矛盾,在主观上找不到其杀人动机,报纸报道的杀人动机太过牵强。第二,杀人案需要铁证如山才能定案。根据《牛城晚报》的报道,张妻不仅被杀,凶手还用刀子等工具戳其眼睛,情节极其恶劣。报纸报道提及的作案工具如电工刀、剪刀这些隐蔽性的客观证据至今未找到。第三,如果按报纸报道所说情节,则张某的行为逻辑比较离奇,甚至可以说是荒唐。通过张某家属介绍,可以确定张某平时并不是穷凶极恶之人。如张某供述的"持刀在身,见妻午睡,遂叫醒她……用手掐死……",那么,何不趁其熟睡下手?为何要叫醒她呢?手持利刃,为何不用,反用手掐?第四,其妻已经死亡,张某的供述属于"一对零式"的孤证,不能轻信口供,需要与现场勘察等其他证据相互印证才能定案。以上的每一点都很重要,特别是客观证据的缺失,从技术层面上看辩护空间就更大了。基于以上分析笔者决定接下本案。

> **哲评:主客观的统一**
>
> 在司法实践中,要达到主观和客观的具体的统一。张某以残忍手段杀妻,缺乏主观动机。其客观行为与主观意识不一致。思维和存在的关系问题既是哲学的基本问题,也是我们办案面临的基本问题。

【聚焦辩点】

基于以上分析,加之会见时获取的刑讯逼供的事实,坚定了为张某作无罪辩护的决心,并形成了辩护意见:

一、因刑讯逼供所获口供属于"非法证据",应依法排除

因刑讯逼供所作的有罪供述往往出入较大,甚至是"漏洞百出"的。笔者在针对案件中的疑点对张某发问时,他要么沉默不语,要么说想不起来,特别是问到凶器的下落时,他表现出异常激动的情绪。

"从报纸的报道来看,你又扎眼睛,又伪造抢劫现场,还掐断电话线,这一系列行为表明你的反侦查意识很强。刀子怎么会随意抛弃,而且想不起来呢?你一定是藏到一个非常隐蔽的地方了!"面对笔者的质问,在沉默了十几分钟后,他大声说:"这不是我干的,我怎么知道刀放在哪儿?"同时露出两个膝盖和左脚面上鲜红的伤口给我们看。我们立即向某市人民检察院提出对张某进行伤情鉴定的申请,经反复周折,检察院对张某的伤情作出鉴定为"轻微伤,左膝外侧、右膝外侧、右膝内下、左脚背等共有6处疤痕,轻度色素改变,损伤为钝性物体作用所致,损伤的时间在6个月以上"。上述证据充分证实了张某的有罪供述是在刑讯逼供情形下作出的。

张某在侦查阶段受到了侦查人员的刑讯逼供,其作的有罪供述不能作为定案依据。

二、作案工具缺失,不能认定张某的犯罪事实

故意杀人案件中,作案工具是印证被告人供述或证明被告人犯有被指控罪行的关键物证。而本案在侦查过程中却始终未提取到作案工具的实物,据以认定的只有张某的口供。

而且,关于作案工具来源及去向等的供述也始终不一致。张某先是供述:作案用的刀子折叠起来约10厘米长,上有小刀、小锯、剪子、锥子,杀人时用的小锯和小刀。后又供述:杀人的三天前,中午11时许,在县城某宾馆斜对面的一个五金交电门市买的四用折叠刀。张某对作案工具电工刀和剪电话线的剪刀以及撬箱子的工具的去向说法不一,有时供述在房梁上,有时供述在地下,几次供述前后颠倒。侦查机关均未查实,此刀及其他作案工具的下落至今仍是谜团。张某还曾供述把作案工具连同从家里偷走的2000元钱交给了他的姐夫孙某,后经查证,孙某并未收到张某给的钱和作案工具。对于作案工具的说法前后矛盾,卷内也没有与之相印证的其他证据。

如果被告人真是杀妻的凶手,则其应当知道凶器的下落。可是,每当侦查人员问及凶器下落时,张某不是胡说,就是"不语"。我们很难相信一个为逃避惩罚而伪造现场、戳眼灭影的凶犯,竟然忘记了凶器的下落。所以,有理由怀疑他不是真凶!

作为本案关键证据的作案工具属于隐蔽性证据,而隐蔽性证据不到案,不能认定案件已破。

哲评:自在之物

本案中缺乏"自在之物"即电工刀(隐蔽性证据)。"自在之物"系客观存在之物,不以人的意志为转移。电工刀作为作案工具,在客观上是肯定存在的,但它在何处,只有犯罪嫌疑人本人知道。张某未能供出该刀所在之处,他可能不是本案真正的犯罪嫌疑人。侦查人员自始未找到电工刀的下落,客观证据的缺失,导致张某的主观供词不能与相关的客观性证据互相印证,从而无法认定张某的杀人事实。

【欲盖弥彰】

张某被刑事拘留后,前五次讯问中均未承认犯罪事实。后因受侦查人员的刑讯逼供,才改变口供,但始终未交待作案工具的藏匿之处。该证据对于侦查人员来说系隐蔽性证据,若按照张某供述内容"撬箱子锁是为了制造假象,伪造抢劫的现场",说明其具有极强的反侦查意识,且头脑清醒,逻辑严谨。照此推理,作案工具现在何处,他应该十分清楚,不可能忘记。如若该凶器被偷走,也应"雁过留痕",通过现场的蛛丝马迹可印证其供述内容的客观性。但侦查机关根据张某的多次"口供",多次搜寻,并未找到作案工具的下落,对此客观性证据的缺失始终不能作出合理解释。

为打破僵局,侦查机关让看守所的"耳目"策划了一场"骗局",诱导张某书写下两封家书,内容如下:"杀人的事我已经都做了""有一样东西,就是凶器刀子找不着了"。透过现象看本质,该书信的实质就是自供状。这是办案人员试图弥补关键性证据缺失的漏洞,人为影响证据链。

看守所证明"为进一步证实犯罪事实,我所利用耳目开展工作,分别将两封信交给我,再交给办案人员",再清楚不过地表明了侦查机关和看守所煞费苦心共同编导了这场骗局。不得不承认,这两封家书还是有一定的欺骗性的,极易误导司法机关和辩护人对该案证据和事实的客观判断。这是典型的侦查人员在其功利心的驱使下,人为地消除案件证据客观存在的疑点，制造假象，企图使该案顺利通过"错案流水线"，铸成天大冤案的违法犯罪行为。

> **哲评**：现象是由事物本质决定的，由感官感受到的一种表面特征，包括真相和假象。分析证据，认定事物性质时，要把握本质，不能被"家书"的假象所迷惑。现象反映的是事物外部联系，本质反映的是事物内部联系。内部联系是看不到的，因此，需要有抽象的思维。透过现象看本质，追求事实真相，应是律师的基本功。

【动机荒唐】

第一，张某关于产生杀人动机的供述不符合常理。根据供述，其杀害妻子只是夫妻间日常因为家庭琐事有些矛盾，并非有多大冤恨。案发时"他回家看见妻子正睡午觉，顿起杀心，先是准备用电工刀行凶，后又叫醒妻子，改为扼颈将妻子杀死"。以上供述未免牵强和离奇。张某常年做出租运输生意，头脑正常，无心理障碍，与妻子生有两个孩子，均已长大上学，案发前又无明显家庭危机。夫妻间平时闹些矛盾本属正常，但上升至杀人动机，有一个"度"的问题，而且之前没有起因和征兆，只是一眼望见妻子正在睡觉便顿起杀心，显然是讲不通的。

第二，关于杀人动机的形成时间，历次供述相互矛盾。张某时而说是回家看到其妻熟睡后；时而说是在叫醒其妻到东屋拿灯泡时,因其妻不让其跟入东屋;时而说回家就是为了杀妻……其杀人动机的荒谬,令人难以置信。

第三,关于杀人动机和作案经过的供述与客观行为逻辑不符。

(1)张某供述回家作案时将三轮摩托车停放在自家胡同口南头往东一家卖玻璃的院后,目的是怕熟人看到。但从案卷中《现场方位示意图》看,该车的停放位置是在海河西街上,不可能达到张某所述掩人耳目的目的。

(2)张某曾供述杀人动机产生在三天前甚至两三个月前,并为之准备了作案用的刀子。但其回家后发现妻子正在睡觉,却不趁此机会用刀实施犯罪行为,反而将妻子叫醒后再掐死,显然有违常理。

(3)张某供述作案地点是正对着临胡同大门的东屋,而不是在被害人休息的相对封闭的北屋西里间,同样有违常理。

(4)张某供述的作案地点东屋,仅有宽0.6米的通道,两边是极易损坏的灯具,稍有搏斗,必然留下痕迹。但经过现场勘查,东屋并未发现任何搏斗痕迹。由于张某身材瘦小,其在对与之身材、力量大致相同的妻子实施暴力时,其妻竟未做任何反抗而束手待毙,更是不可思议,难道一碰喉部就昏过去了?

如张某供述"见其妻午睡,就持刀在身",此时若已有杀机,何不趁其熟睡下手,而是将其叫醒,待其取物之时才动手;手持利刃,为何不用,反用手掐?张某上有老人,下有一儿一女,正在幼年,夫妻并无明显矛盾,何以下此毒手？因此，张某并没有杀人动机。

【时间矛盾】

> **哲评：物质的存在形式**
> 辩证唯物主义认为时间与空间是物质存在的基本形式。唯物主义者要坚持客观实在性，客观实在性体现在时间与空间中。时间具有一维性、不可逆性。同一人，同一时间不可能出现在两个不同的地点，即非此即彼。

1. 案发时间。案卷中对张某作案时间均描述为15日下午，但没有更为具体的时间。据公安机关的尸检鉴定，被害人死亡时间为饭后两小时。张春（张某的女儿）证明：当日，她和弟弟中午放学回到家是12点30分；然后和母亲一起吃午饭，12点50分吃完，下午1点30分离家上学。由此推算，本案案发时间当在15日下午的2点30分至3点之间。

2. 案发时张某不在现场。案卷笔录显示，县东赵庄村村民证实，当日，张某为其送彩电，返回的时间在下午1点钟左右，按照路程计算，二三十分钟后，可以回到县城。家电商场王某笔录显示，张某当天下午曾为该商场给买主送了两趟家电，出发送第一趟货在下午2点30分左右。经我们进行的实验表明，从家电商场到送货地点约13公里，三轮车正常速度为25公里/小时，整个往返过程约计应需60~70分钟。就是说：15日下午2点30

分至 3 点 30 分左右,张某正在为家电商场送货。因此,案发时张某不在现场。

3. 被告人的供述无相关证据印证,不能认定。按照案卷笔录中的供述材料,张某回到县城后,约在下午 1 点 35 分,在一个小吃部吃了饭,2 点多到 3 点多在高杆灯(县城交通岗,有一较高的信号灯)西南角两个广告牌下停着等活儿,其间拉过两个女孩去火车站,但警方未能找到张某所说的两个女孩。根据张某的供述,某市检察院于 2001 年 11 月 20 日向某市中级法院补充提交了《关于张某故意杀人一案发还后补充有关问题的说明》(以下简称"说明"),该说明提出张某在 1999 年 10 月 15 日下午送电视返回县城是 1 点 30 分,到 3 点 20 分再次送电视之间有两个小时的作案时间。由于张某供述的作案时间与以上证人证言及尸检结论存在明显矛盾,不能印证其供述的作案过程是真实的。因此,依法不能单凭被告人的口供,而无视其他与之相反的证据,认定张某在该时间段内作案。

4. 如果真是被告人张某实施的杀人行为,则其应当知道被害人的具体死亡时间。张某在最初接受侦查机关询问时,就会在叙述自己当天下午的活动时间时,有意避开作案时间。但从其 1999 年 10 月 16 日的两次供述看,均称是在 3 点 20 分左右才给家电商场送货,恰恰无意回避作案时间。如前所述,倒是证人证言证明,张某当时正在送货过程中,没有作案时间。这也就从反面证实被告人并不知道被害人的死亡时间这一重要事实。

【审判"难产"】

某市检察院作为公诉人对张某故意杀人案提起公诉,我们作无罪辩护。2001年3月27日,市中级人民法院一审作出有罪判决,辩护意见未被采纳。法院认为:被告人张某犯有故意杀人罪,判处死刑,剥夺政治权利终身。张某不服,上诉至河北省高级人民法院,省高院于2001年7月4日裁定撤销原判,发回重审。2002年5月22日,市中级人民法院开庭重审此案,同年7月2日,市中级人民法院认定张某已构成故意杀人罪,但判处无期徒刑,剥夺政治权利终身。张某再次提起上诉,省高院再次发回重审,2003年1月9日市中院再次开庭重审后,仍判处张某无期徒刑。张某第三次提起上诉,本案自此被搁置。两年后,佘祥林"杀妻"案轰动全国,河北省高级人民法院最终采纳了无罪辩护意见,判决张某无罪。

【案后思语】

本案的审判被拉长至2005年,也正是这种拉长,给张某案带来了转机。2005年,佘祥林"杀妻"案在全国引起的轰动效应,成为推动"疑罪从无"司法理念落实的"破冰船",使得在看守所里苦熬5年的张某终于等来了无罪判决。

司法机关从"疑罪从有"到"疑罪从轻",再到"疑罪从无"的办案理念,是在辩护律师据理力争和司法环境共同作用下逐渐落地生根的。

然而,坚冰虽破,浮冰尚存。作为在一线从事法律实务的律师,对这一"千呼万唤始出来"的司法理念的普遍适用,仍持谨慎的乐观态度。"疑罪从无"司法理念的普及仍任重道远,需强大的制度保障作为后盾。

视律师为"非主流"的社会环境,削弱了律师在"等腰三角形"诉讼设计中本应发挥的制约作用。司法实践中"扬检抑律"是社会"扬公抑私"的缩影。官本位意识形态下对律师的不重视、歧视甚至敌视,使得律师的辩护作用无法到位,直接影响了案件质量,错案流水线也由此形成。"扬检抑律"的潜规则盛行,使得人们对侦查机关侦查的案件和检察院起诉的案件会带着肯定性的有色眼镜,缺乏对案件的反思、批判。

> **哲评:相对与绝对**
>
> 死刑系绝对刑种。生命不可复制,故对于判处死刑的证据也应当是绝对的,是经得起历史检验的证据,而不能是相对的证据。相对是有条件的、暂时的、有限的,绝对是无条件的、永恒的、无限的。本案中首次一审即判决张某死刑,立即执行,但所依据的证据仅系主观言词证据,可以人的意志为转移,属相对性证据。试想,如果没有二审法院的严格把关和辩护律师的坚守,谁又能保证这不是"呼格吉勒图案"和"聂树斌案"的翻版呢?

"疑罪从无"贵在"疑",把有疑点的案卷原汁原味地移送到法院接受司法审查,需有制度的保障,不能让那些客观存在的疑点被人为地"排除"掉。因此,建立起一个视辩方"共"控方"一色",让公正与效率"齐飞"的法律制度尤为重要!

外一篇　哲学视角下的涉黑涉恶案件认定路径
——哲学版的"辩护词"

按：本文曾发表于中国律师网，反映了律师在发表辩护意见时，除充分运用法理、情理、常理来进行说理之外，还可以运用人类更高的智慧——哲理，以达鞭辟入里之效。本文就是将哲理应用于认定案件事实和适用法律的实践探索，可视为哲学版的辩护词。

在司法实践中，关于涉黑涉恶案件的基本犯罪特征认定问题，容易在认识方法论上出现误区。理解和消化一个问题，不是靠问题本身来解决的。如果把法学理论比作一块糖，要消化吸收这块糖，就需要用方法论（水）来把它化开。哲学的方法是处理一切问题的根本途径，它能立体化、全方位地透视、彻底剖析每个问题，把问题的本质揭示出来并彻底解决。

越是在重大、复杂、疑难案件中，哲学方法论越容易彰显它的作用。因为矛盾关系错综复杂的案件，一般的眼力就不够了，它需要的思维方法就要多一些，需要借助思维的显微镜或望远镜来观察。应用哲学的方法论，可以超然于案件之上。

下面从方法论出发,从抽象性思维、本质性思维、动态性思维、客观性思维、求异性思维的辩证视角,把握涉黑涉恶案件的基本特征,助力在司法实践中更准确地把握法律政策界限,认定涉黑涉恶案件的性质,避免人为拔高、凑数,以保证每一个案件都能经得起历史和法律的检验。

一、抽象性思维与"小类罪"

认定黑社会性质组织犯罪的依据往往是相关个罪的表征。对每个具体个罪的认识,均是一次从感性认识到理性认识的升华;而从系列个罪到认定构成黑社会性质组织犯罪,需要第二次升华。黑社会性质组织犯罪,不同于具体的个罪,其属于"小类罪",类似于但又不同于渎职罪、侵犯财产罪这类罪。因为它有具体的罪名和刑罚加以规制,所以可以称其为"小类罪"。它是从许多相关个罪中抽象而来的。也就是说,黑社会性质组织犯罪的共性蕴含于个罪之中,又通过个罪来表现。黑社会性质组织罪的相关个罪,并非孤立存在,而是可从中抽象出共同的涉黑特征。

从认识的方法论上讲,准确认定黑恶犯罪,需要具备相当程度的抽象概括能力。否则容易陷于个罪的表面特征之中,望文生义,认为只要有寻衅滋事、聚众斗殴、赌博等罪名,就可简单相加认定为黑恶组织。这是形而上学的思维方式,比如认定涉黑涉恶的关键因素之一的"组织性"。认定黑恶犯罪要看相关个罪是否具备"组织性"的必要要素,如参加人员的稳定性、组织的严密性以及是先有"组织"后有"系列犯罪行为",还是先入为主地将实施"系列犯罪行为"的认定为"犯罪的组织"等。不能割裂地看个罪,而是要抽象概括出个罪之间的有机联系。若不具备"组织性"之共性,个罪之间彼此孤立,则不能认定为涉黑涉恶,只能将个罪作数罪并罚处理。

如在西北某涉黑案中,被告人被指控为开设赌场罪。普通的开设赌场罪,只要符合构成要件就能构成;而黑社会性质组织犯罪中的开设赌场罪,往往具有恶劣的、令人发指的伤害侮辱等情节,并在"同行"中形成"独大"的局面,在一定的地域范围内不容许有第二家出现。如果开设赌场罪与其他个罪共同组合,仍抽象不出黑社会性质组织罪"非法控制"的共性特征,便只能认定为普通的开设赌场罪,按个罪数罪并罚,而不能再次拔高,进而认定构成黑社会性质组织罪的具体罪名之一。

二、本质性思维与"定性"

个罪的表征,仅从现象提供了涉黑涉恶的线索,根据这些表征线索进一步分析研判,看其是否具备构成黑恶组织犯罪的本质特征。

本质与现象是对立统一的辩证关系。本质特征是主要的、根本性的、决定事物性质的;而表象特征如多地公安机关发布的禁止佩戴夸张金银饰品、以凶兽图案文身、随身随车携带管制刀具或棍棒、卖淫嫖娼、寻衅滋事、非法拘禁等都是线索性特征,这些特征是有意义的,足以引起我们的注意,让我们"大胆假设"犯罪主体是黑社会性质组织,但仍要"小心求证",要透过现象发现它的本质特征,只有本质特征才能决定事物的性质。称霸一方,欺压百姓才是其本质特征。往往有很多具有一定表象特征的事物并不具备本质特征,表象也可能是假象。

一言以蔽之,表象特征未必反映本质特征。本质特征才是事物的主要矛盾的外在反映,这是定理。但不能"逆定理",不能反过来说所有表象特征都是本质特征。分析问题、解决问题的根本方法就是运用对立统一规律抓主要矛盾,次要矛盾也就迎刃而解了,抓住本质特征,其他表象特征就都得到解释了。明白这个基本原理后,再看黑恶组织犯罪,就容易准确把握立法本意,正确认识黑恶势力的本质特征,做到不枉不纵。

比如黑恶势力行为特征的本质是"为非作恶、欺压百姓",也就是一般要具备行为的违法性、行为的暴力性、行为的严重危害性等特征。在西北某地涉黑案中,被告人为索要合法债务,构成一事多罪,即一起非法拘禁、两起寻衅滋事,表面来看均属于黑社会性质组织犯罪中的常见罪名。但究其本质,仅为索债而引发,且针对特定对象,实施违法或犯罪手段的暴力性色彩较弱,既没有带领成员打打杀杀、为非作恶、欺压残害无辜百姓,也没有通过暴力对当地群众形成事实上的心理震慑。从中看不到黑社会性质组织的本质行为特征。所以这些个罪仅具有个罪层面的意义,不具有黑社会性质组织的本质行为特征。

三、动态性思维与"临界线"

任何事物的发展都有个过程,由量变到质变。恶势力是黑社会性质组织的雏形阶段。同样的道理,恶势力本身也有一个产生的雏形阶段。恶势力本身不是一个单独的罪名,和黑社会性质组织犯罪相比,它仅仅是一个加重处罚的情节。所以恶势力的雏形状态就仅构成个罪,既不是恶势力,更不是涉黑"小类罪"。要杜绝把恶势力拔高到黑社会性质组织来凑数,同样,也不要把个罪拔高到恶势力来凑数。

恶势力的雏形状态仅构成个罪,不排除将来它有可能形成恶势力。但是它尚在量变阶段,远没有引起质变,没有发展成为恶势力,就不能人为地主观认定其发生"质变"。如华北某地涉恶案中,被告人通过非法拘禁手段索要三笔债务,但是一笔账也没要回来,就放弃了这种手段。同时在客观上,其没有搞"套路贷",没有那么多债权需要去催收,没有"以此为业",再继续发展。可谓虽有苗头,但"胎死腹中"。

该案实际上尚处在量变阶段,还没有引起"恶"的质变,没有越过"度",没有形成恶势力。如果没有越过"质"的临界点,那它还是个罪,不能认为构成恶势力。

所以在办理涉黑涉恶案件时,要有动态思维,以发展的眼光看待问题,准确界定其发展阶段。

四、客观性思维与"客观证据"

从唯物论的角度看,在"扫黑除恶"专项斗争中要坚持客观性原则,不要人为地拔高。客观性原则要求在涉黑涉恶案件中要紧紧把握一些客观标准,将客观性证据作为主要定案依据。

比如组织特征上,在个案中是否体现了成文或不成文的"帮规""戒约""规矩",是否有执行惩戒组织成员的工具、凶器,或者是否有被惩戒成员的伤残或医疗证明等。因为这些相对来讲往往都是客观存在的,是编造不出来的。而实践中经常凭借公司组织框架,如公司老板的称号、公司的经理等人事级别来认定该组织是否构成涉黑涉恶组织,是否具备严密性,这是很容易混淆的。要拿一些不容易混淆的标准当作一种刚性铁证,坚持客观性原则,才能有效避免人为拔高。

再比如涉黑涉恶案件的经济特征关键在于其获利手段及利润用途上。涉黑涉恶组织系通过系列违法犯罪活动攫取经济利益,大肆敛财,又将获取的经济利益用于支持违法犯罪活动,如购买作案工具、为在违法犯罪活动中被打伤的被害人支付医疗费、寻求非法保护等;用于维系壮大组织发展,如为组织成员发放工资、奖金、提供福利等。亦即,利用违法犯罪获取利益,又通过经济实力为组织犯罪提供保障。那么在司法实践中,就要严格审查是否涉及以上支出,若没有客观证据提供支撑,不能人为地主观认定符合经济特征。

在危害性特征上,表现为为非作歹、欺压百姓。一定要关注是否为无辜群众,且搞准欺压无辜群众的数量。在西北某涉黑案中,被告人被指控实施了多起寻衅滋事犯罪,但证据表明都是由"受害"村民一方故意挑衅,索要"过路费"或是存在债务纠纷等,而不是"无故生非"或"借故生非"。其实,债务人的逃债、赖账也是违法行为,违反了诚实信用原则,他们称不上是无辜群众。无缘无故欺负别人才是称霸一方,为非作恶。而这些事实在司法实践中很容易查清,要从客观实际出发,全面调查取证,而不能形而上学地割裂事实,片面取证,主观定性。

五、求异性思维与"以审判为中心"

从哲学上看,我国控、辩、审的庭审制度是按照辩证法正反合的认识规律来设立的。中共中央、国务院2018年1月发出的《关于开展扫黑除恶专项斗争的通知》确立的"要主动适应以审判为中心的刑事诉讼制度改革"基本原则,也是辩证法的对立统一规律在司法体制上的具体体现。坚持"以审判为中心",就是坚持求异性思维,就是坚持马克思主义辩证法,从认识方法论上保障适用法律的精准和庭审的实质化。

涉黑涉恶案件往往是由当地政法委、扫黑办统一协调,检、法两院提前介入,对于案件定性、量刑,有多次讨论沟通。这些会影响审判的独立性,庭审容易"走过场"。所以要充分发挥人民陪审员的作用,实施大合议庭制,使他们能在审判中更加保持中立,能够遵从人类良心和道德伦理,依据良心和经验进行裁判,避免先入为主产生的错误。

同时,要重视辩护人的意见。公、检、法配合有余,制约不足,辩护人作为一种独立、反面的声音,弥足珍贵。反者道之动,不能只有一种声音,综合正反两方意见,防止片面定性,经过否定之否定的认识深化过程,才能准确裁判。

因此,在办理涉黑涉恶案件时,坚持程序正义,坚持求异性思维,贯彻"以审判为中心"的司法改革,才是真正落实了中央的法治原则和理念。

综上,涉黑涉恶犯罪的认定需要二次抽象过程,对司法者的思考方法和概括抽象能力要求更高,准确把握从相关个罪向涉黑涉恶犯罪的抽象、升华过程。依据个罪之间内在的、本质的特征,而非根据表征来认定黑恶性质组织,所以,正确的方法论显得尤为重要。

后　记

2020年11月,江平先生看到本书初稿后,欣然作序。"现在以律师切身经验所写的书已经越来越多了,但用哲学的思维来总结律师的业务,这是我看到的第一本。"此言令我诚惶诚恐。二十年前,我也曾总结自己的执业经验出版过《律师手记》一书,当时总感觉意犹未尽,许多理论问题尚待升华,比如理性批判与律师制度存在的关系、辩证法思想与律师执业技能的关系等。

本科四年积淀的哲学专业素养,使我感悟到思想方法论寓于检察和律师实务之中。在为青年律师讲授执业技艺的过程中常会讲一些哲思心得,偶尔也会在博客上分享。岁月蹉跎,一晃十多年过去了。2018年,点睛网刘卫老师约课,我自报的主题是"辩论和证据的哲思",录制并推出后,业界的广泛好评,激发了我进一步深化梳理阶段性思考的热情。新冠肺炎疫情期间赋闲在家,让我有了可以系统思考的大块时间。经过一年多的笔耕,逐步形成了本书的初步体系。尽管积累了十余年的素材,但在成书过程中我深切地体会到体系的完成是一个艰难的再创作过程。

这是对三十多年执业生涯的理性思考,是源于司法一线的真实感悟和升华。本书感性材料的基础是坚实的、丰富的,这朵美丽的思想之花植根于司法实践深厚的土壤之中。

哲学本来就是活生生的实践,而不是冷冰冰的教条。哲学一旦成了教条就成了僵死的东西了。可是学术的规范性要求使其原理显得刻板凝重,给人以教条的印象。"道可道,非常道",哲学的高度抽象意境具有意向性,是心灵的感悟,可意会而难言表,甚至因言害义。尤其是哲学修身养性的功能,是一种明心见性的修炼,超然物外的心态,实难名状。"玄之又玄,众妙之门",这恰恰是哲学关乎人性的重要价值所在。

常说办案办的是别人的人生,其实也是在办自己的人生。办案是主客观相统一的实践过程。在一次次看似循环往复的改造客观世界的过程中,自己的主观世界也在一次次升华。不仅是执业技能的提升,同时,也是自己"三观"的修炼。一叶一菩提,一案一修行。每一个人就是一个独立的精神世界,达到一定高度就会豁然开朗——自我主体意识觉悟。一旦觉悟到物我两忘,理性的人生才开始,活出自己才是淡泊名利的超然境界。这就是成人达己,渡人渡己,这是人格修养与超然境界的关系。

主观世界不仅是指认识能力,还有人格品行。偏见比无知距离真理更远。没有品行,认知能力越高,反而会更恶。可见,修行品质与修炼技能,如鸟之双翼,不可偏废。这也是哲人型律师的重要标志,是大自在境界。

认识总是相对的。本书中仍有许多问题值得继续在实践中深度思考,但并不影响将阶段性的思想和观点抛砖引玉。

衷心感谢江平先生耄耋之年,为本书作序。其中溢美之词,实不敢当。本人将不负江老的鞭策和期望,继续探究律师哲人气质的丰富内涵。

蒋浩老师和刘文科编辑提出的宝贵建议以及魏景岳老师的篆刻作品,为本书锦上添花,在此向他们致以诚挚的谢意。

李智瑶律师为本书的面世,做了大量工作。值此本书即将出版之际,对其的辛劳与贡献深表谢意。

2022 年 5 月 9 日于海口朴心斋

定价：48.00元